Olivier Bellamy

Nelson Freire:
O segredo do piano

Tradução

Julia da Rosa Simões

NELSON FREIRE : LE SECRET DU PIANO © Éditions Fugue 2022
Através de acordo entre SO FAR SO GOOD Agency e
Villas-Boas & Moss Agência Literária
© 2024 DBA Editora
1ª edição

PREPARAÇÃO
Igor de Albuquerque

REVISÃO
Laura Folgueira
Paula Queiroz

ASSISTENTE EDITORIAL
Gabriela Mekhitarian

DIAGRAMAÇÃO
Letícia Pestana

CAPA
Edgar Kendi Hayashida

IMAGEM DA CAPA
iStock/CSA Images

Impresso no Brasil/*Printed in Brazil*

Todos os direitos reservados à DBA Editora.
Alameda Franca, 1185, cj 31
01422-001 — São Paulo — SP
www.dbaeditora.com.br

Dados Internacionais de Catalogação na Publicação (CIP)
(Câmara Brasileira do Livro, SP, Brasil)

Bellamy, Olivier
Nelson Freire : o segredo do piano / Olivier Bellamy ; tradução Julia da Rosa Simões. -- 1. ed.
São Paulo : Dba Editora, 2024.
Título original: Nelson Freire: le secret du piano.
ISBN 978-65-5826-066-0

1. Freire, Nelson, 1944-2021 2. Pianistas - Brasil - Biografia I. Título.

CDD-786.2092   23-167680

Índices para catálogo sistemático:
1. Pianistas brasileiras : Vida e obra 786.2092
Aline Graziele Benitez - Bibliotecária - CRB-1/3129

"E, sem meu coração, como eu poderia viver?"
Orfeu, Claudio Monteverdi

29 de julho de 2019.

No pátio de honra do Palácio do Príncipe de Mônaco, Orfeu atravessa um cenário de conto de fadas e caminha, a passos lentos, em direção ao piano.

A Orquestra Filarmônica de Monte Carlo, regida por Kazuki Yamada, o recebe sob os aplausos do público. No programa, o Concerto n. 4, de Beethoven. *Já nas primeiras notas, os melômanos reconhecem a sonoridade quente e dourada, marca registrada do pianista brasileiro.*

A plenitude do cantábile, a precisão dos trinados e a clareza das escalas são fenomenais. Tudo canta. Mas a angústia ganha terreno. O protegido de Apolo luta contra as forças da natureza. Seu corpo de urso se encolhe sob a tempestade, seus olhos piscam sob a pressão e procuram o olhar do maestro.

Martha Argerich nunca quis tocar esse concerto. Como se ele fosse um tesouro sagrado do qual ninguém se aproxima sem despertar a cólera dos deuses. No pulso do brasileiro, um bracelete de lã trançado por um monge japonês. Sua amiga argentina usa um igual há muito tempo. Ela o teria iniciado em algum rito esotérico?

Depois do brilho solar do primeiro movimento, a claridade lunar do Andante com moto. *Nessa melodia prodigiosa, Beethoven imagina a descida de Orfeu ao Inferno. Alguém já ouviu sonoridade mais bela, dor viril mais contida, elegia mais profunda? Depois de uma luta impiedosa, piano e orquestra se fundem numa linha extática.*

Diante do empenho dos músicos, o urso se transforma em um elfo vivaz e saltitante no Finale. *Quando chega a pequena cadência, logo antes do fim da obra, o acrobata perde o equilíbrio. Ninguém percebe, mas nosso herói treme antes de ser carregado em triunfo. Aquiles amaldiçoa a foice afiada que desafia seu calcanhar. Ele exigirá que a cadência seja repetida para as câmeras, com a presença da orquestra. Ao amigo Manoel, que o acompanha, ele confidencia sua aflição:*

"*Não dá mais. Preciso parar. Estou velho demais.*"

"*Mas, Nelson, foi magnífico, sério.*"

"*Você só pode estar brincando. Foi um desastre.*"

Como despedida, o artista toca seu bis favorito, a Melodia de Orfeu, "Dança dos espíritos bem-aventurados", *de Gluck, arranjada por Sgambatti, aluno de Liszt. Canto seráfico que faz as estrelas chorarem e repete a quem quiser ouvir:* "*Cair e levantar, cair e levantar, cair...*".

Boa Esperança

Grande estado do Sudeste brasileiro, Minas Gerais é conhecido por suas montanhas, cachoeiras, casas coloniais e pelas pedras preciosas que abundam em seu solo. No fim do século XVIII, garimpeiros conduzidos por João de Souza Bueno instalaram seu acampamento às margens do rio Sapucaí, numa terra fértil e povoada por indígenas, a mais de 780 metros de altitude. O capitão-mor de milícias adquiriu uma fatia de terra por 8 mil ducados e a chamou de Boa Esperança. Famílias se estabeleceram no local e uma igreja foi construída. Assim, a pequena cidade de 40 mil habitantes foi uma paróquia antes de se tornar município em 1869.

Em meados do século XX, a população (cinco vezes menos numerosa que hoje) é um agrupamento de famílias que vivem apartadas do mundo num ambiente generoso e pouco hostil. Só é possível entrar ou sair da cidade por estradas de chão batido. Os Freire constituem um grupo de profissionais da saúde nessa comunidade pacata e trabalhadora.

José Freire, pai de Nelson, tem uma farmácia adjacente à casa da família. Mais do que uma simples drogaria, é o ponto de encontro diário dos vereadores, que ali se reúnem para falar dos negócios da cidade. A família é unida, muito amorosa, piedosa e próxima da natureza. Todas as casas têm um rancho com cavalos, uma vaca, cabras, galinhas, cachorros e algumas terras para cultivar. Em 1929, José, que todos chamam de "Dedé", se casa com Augusta, que é professora. José é o mais velho de oito filhos, todos com formação superior, embora seus antepassados tenham sido criadores de animais. De origem portuguesa, a família de Augusta Pinto é de um nível cultural ainda mais elevado. Depois do casamento, quatro filhos vieram ao mundo. Nelma em 1930, Nirval em 1931, Nélio em 1932 e Norma em 1935.

Dona Augusta é uma força da natureza. Transborda de alegria de viver. Dedé é um homem inteligente, responsável e doce. Nove anos depois do nascimento de Norma, dona Augusta engravida de novo, embora o casal já tenha passado dos quarenta e os filhos sejam internos de um colégio fora da cidade. Ela gosta de sonhar que Deus lhe enviou um pequeno Orfeu. Apaixonada por música, dona Augusta havia comprado um piano de parede Zimmermann com seu primeiro salário. O instrumento levou vários dias para ser transportado numa carroça puxada por mulas. Foi o terceiro a entrar em Boa Esperança desde a criação da cidade. Dos quatro filhos, somente Nelma, a mais velha, tocava – para grande desgosto de dona Augusta, que sonhava com uma família de músicos.

Nascer

No dia 18 de outubro de 1944, às 19h30, Nelson Freire vem ao mundo. Não sem dificuldade, pois o menino se recusa a sair do ventre materno. "Nascer foi um pesadelo", ele dirá mais tarde.

O parto é feito pelo irmão da mãe e pelo primo do pai, ambos médicos. Uma cabeça enorme, seguida de um corpo franzino, surge na suave claridade da noite. Além de o bebê estar longe de ser um querubim, ele não respira. É um natimorto.

> *Ó tu, carne de teu pai,*
> *Ah, alegre brilho*
> *extinto rápido demais!*[1]

O tio José não se deixa impressionar pelos caprichos do destino. Pega o corpo inerte pelos pés e frustra as profecias do Maligno, despertando as funções vitais do bebê com tapas vigorosos nas nádegas e injetando uma boa dose de lobelina. O natimorto grita tanto que acorda todos os fantasmas da cidade, e a família volta a respirar. "Um bebê magnífico, forte e rosado", Dedé escreve com orgulho em seu diário.

No entanto, a criança não crescerá num mar de rosas. Sua mãe não tem leite suficiente, talvez tenha perdido sangue demais durante o parto. Três tias são chamadas para ajudar e servir de amas de leite. Não é suficiente, então se tenta leite de cabra, leite de jumenta, leite de vaca. Infelizmente o bebê regurgita tudo! Ele é frágil, vive doente. Sua natureza exige cuidados constantes, atenções a todo segundo. Como não come nada, a criança definha. Seu pai tem a ideia de preparar um pedaço de marmelada diluída em água filtrada. O regime parece funcionar.

---

[1]. "Wenn dein Mütterlein", *Kindertotenlieder*, Friedrich Rückert, Gustav Mahler. (N.A.)

Isso não impede que ele sofra com alergias múltiplas e persistentes. Tudo lhe é nocivo: o ar, o sol, o tecido, a comida... Qualquer coisinha desencadeia uma crise de urticária ou um grande surto de dermatite. Seu corpinho é besuntado com pomadas, o rosto e as mãos são cobertos de curativos. "Eu era enfaixado da cabeça aos pés, como uma múmia, menos nos olhos e na boca." Havia nascido numa família de médicos e farmacêuticos, por sorte, mas as competências de uns e outros têm seus limites. Ver o filho querido sofrer, chorar e ficar anêmico leva os pais ao desespero. Sua mãe o leva ao hospital de Lavras. Tem início uma longa sequência de viagens médicas angustiantes. Depois de um mês de tratamento intensivo, o bebê volta para casa. Ao ver o corpinho frágil e a tez pálida, o pai sente o coração apertado e não consegue conter as lágrimas.

As fotografias logo mostrarão um menino ativo e radiante, rechonchudo, com ternos olhos de menina. Graças à dedicação de dona Augusta, que o vigia como se cuidasse do leite prestes a ferver, o menino é objeto de todas as atenções. Sempre bem-vestido, protegido do vento por um casaquinho, do sol por um chapéu, dos micróbios por um par de luvas... Mas não existe proteção contra a maldade. Em sua primeira visita à cidade, o menino ouve: "Meu Deus, como é feio!". A ferida é profunda, nunca se fechará.

Estrela

O mapa astral de Nelson José Pinto Freire indica que ele nasceu sob o signo de Libra, como tantos bons pianistas (Liszt, Horowitz, Cortot, Cherkassky, Kovacevich, Pogorelich). Seu ascendente é Touro, sinal de estabilidade e coragem. Três planetas em Escorpião, entre os quais a Lua e Vênus, marcam um temperamento sentimental e dominado pelo afeto. Tensões com Plutão fazem temer sofrimentos profundos e episódios depressivos. O aspecto geral indica uma personalidade ao mesmo tempo muito preservada e bastante sociável.

Seu sobrenome, um tanto raro no Brasil, produz uma divertida e comovente homonímia em francês,[2] que os jornalistas adoram: "L'âme Freire" [A alma irmã], "Freire et sœur" [irmão e irmã] etc. O sobrenome, aliás, não foi dado, mas escolhido. O costume lusófono dita que se use o sobrenome da mãe e o sobrenome do pai, ou melhor, o sobrenome do pai da mãe e o sobrenome do pai do pai. Pinto vem do pai de dona Augusta, mas Dedé era Freire Silva. Segundo a lógica, Nelson e seus irmãos deveriam se chamar Pinto Silva, mas o sobrenome "materno" de seu pai é que fora preferido, sem dúvida por sua originalidade. Prova de que os Freire não eram tão conformistas e "patriarcais".

Para o registro civil, portanto, o sobrenome completo de Nelson é Pinto Freire. A grande pianista Guiomar Novaes também tinha o mesmo sobrenome (comum) Pinto, objeto de muita zombaria por designar o órgão sexual masculino na linguagem corrente. Para seguir o costume dos artistas internacionais, Nelson logo sofreria uma circuncisão de sua identidade. Guiomar Novaes tampouco usava o sobrenome da mãe nos programas de concerto e nos encartes de discos.

Para cuidar do filho quando está ocupada, dona Augusta tem a ideia de lhe atribuir um pequeno pajem negro que o

---

2. Com a palavra *frère* (irmão). (N.T.)

segue por toda parte. Nelson se acostuma a ser servido como um príncipe. Ele se diverte imitando o dialeto e o sotaque do menino que o acompanha. Na aparência, os pais de Nelson são convencionais e estimados por todos; no fundo, são livres e originais. Nelson cresce num mundo em que não é preciso alardear suas ideias para ser um indivíduo e onde tudo é permitido se os códigos em vigor forem respeitados.

Quando o pequeno Nelson ouve Nelma, catorze anos mais velha, tocar invenções e boleros ao piano, seus olhos ficam arregalados. A música é a única coisa que o faz esquecer de suas dores. Ele se apaixona imediatamente. Nelma se torna sua irmã preferida. Embora Nelson não suporte ser tocado, acariciado e muito menos beijado – a umidade dos lábios de outra pessoa em sua bochecha o enoja –, Nelma pode tudo com o irmãozinho. Ela é bonita, e a aparência física conta muito para o pequeno esteta desfigurado pela doença. Sua mãe, aliás, se parece com uma estrela de cinema dos anos 1930. No início, o piano é um "brinquedo proibido". Dona Augusta proíbe Nelson de se aproximar do instrumento, com medo de que ele o suje ou estrague.

Nelson tem dois anos. Está no jardim e segura uma espécie de doce gelado. De repente, ouve o piano tocar. Como sempre, todo o seu ser parece possuído. Ele corre até a sala e observa Nelma acariciar as teclas com graça. Sem se mexer, ele a devora com os olhos. Tudo se mistura. Os longos cabelos da irmã preferida, seu ar concentrado, a beleza da música, a magia do momento. Nelma não é uma virtuose, é apenas séria e dedicada. Para Nelson, porém, é uma revelação. O doce derrete e escorre por sua mão sem que ele perceba. O mistério da arte o captura por inteiro.

A comparação com Martha Argerich é reveladora. Martha tocou num teclado pela primeira vez quando um coleguinha de maternal lhe disse: "Cê não sabe tocar piano". O desafio a eletrizou. Ela diz até hoje: "Não gosto de fazer, gosto de fazer *como se*". Em outras palavras: a emulação, a imitação e o compartilhamento são fundamentais. Em Nelson, o amor pela irmã é o fermento original. O amor mimético, fusional. Em Martha, o jogo igualitário, a rivalidade fratricida, a *philia*. Em Nelson, o dom, o sentimento, o *eros*.

Também há bravata em Boa Esperança. Numa música, Nelma erra uma nota, sempre no mesmo lugar. O irmãozinho deixa isso bem claro com um grito. Incomodada, Nelma se levanta: "Tente você, se acha que consegue". Nelson se senta no lugar dela e toca o trecho sem deslizes. "Parabéns, Nelma! Você conseguiu", exclama a mãe, que entra no cômodo e descobre o caçula ao teclado. Ele nunca tivera nenhuma aula de piano.

Aos três anos, Nelson não demora a tocar de ouvido todas as músicas que a irmã aprende. Como Nelma e Norma só voltam para casa aos domingos, o menino passa o resto da semana tirando todas as melodias que ouve no rádio. Ele logo quer aprender a ler as notas. A clave de sol é assimilada em poucos minutos. "E a mão esquerda?", ele pergunta à mãe. "Pule uma linha", ela responde, sem parar o que está fazendo. E ele aprende a clave de fá. Em pouco tempo, Nelson consegue decifrar qualquer partitura. A independência das mãos e a passagem do polegar não apresentam nenhuma dificuldade. Sabendo preservar o lado infantil do filho, dona Augusta segue seus avanços com orgulho.

Terra

A partir dos três ou quatro anos, Nelson começa a sair debaixo da asa da mãe. Finalmente pode participar das festas familiares. Carnaval, Páscoa, Natal, comemorações, casamentos, aniversários... Não faltam ocasiões para comer e beber em abundância. Cada tia tem uma especialidade culinária, e os encontros familiares são motivo de banquetes extraordinários. Além disso, as frutas cristalizadas de Boa Esperança são famosas em toda a região. Um verdadeiro paraíso para as crianças. Na casa dos Freire, os membros da família não se contentam apenas em comer. Eles se amam, se tocam e se abraçam o tempo todo. Com muita ternura e inocência. A família toda adora Nelson, que é uma graça. Depois do longo jejum da primeira infância, o menino guloso compulsivo e obsessivo parece um bolinho recheado.

Numa foto, Nelson aparece entre dois primos. Os primos estão de pés descalços, Nelson usa sandálias. Muitos anos depois, o artista fica impressionado com essa diferença, que o faz lembrar de toda uma infância mimada, mas à parte. Ele não pode jogar futebol, subir em árvores, correr. As fadas madrinhas não parecem ter hesitado acima de seu berço. Elas previram tudo (inclusive as alergias) para reservá-lo exclusivamente ao piano. As ninfas aladas não estão para brincadeira. Imagine Chopin gostando de boxe! Graças aos cuidados constantes da mãe e do pequeno pajem, Nelson aos poucos se torna mais robusto.

O menino vai à escola de Boa Esperança. Seus pais querem que ele tenha uma infância o mais normal possível. Seus dons não são expostos, ele não os menciona. Uma intuição lhe diz que tudo o que o diferencia poderá ser usado contra ele. Suas doenças de pele, seu regime alimentar e sua fragilidade já são barreiras que o isolam. Sua gentileza e sua timidez o protegerão das crueldades da infância.

Detalhe engraçado: ele adora datilografar e é muito talentoso. Martha Argerich se perguntará a sério se não deveria ganhar a vida como secretária ao encerrar a carreira. Nelson, por sua vez, se diverte datilografando a toda velocidade nomes de estações de trem, de paradas de bonde do Rio de Janeiro, listas de compositores... Ele martela a Remington da farmácia antes de aprender a segurar uma caneta.

Em 8 de dezembro de 1948, seus pais o levam ao colégio Nossa Senhora de Sion, na cidade de Campanha (a cem quilômetros de Boa Esperança), onde Nelma e Norma são internas. Elas usam saia plissada azul-marinho, camisa branca, gola Peter Pan e véu nos cabelos presos. Para comemorar a Imaculada Conceição, as religiosas convidam Nelson para tocar. Os grandes salões da instituição abrigam um piano de cauda. Cada obra musical é ouvida em meio a um silêncio extático e seguida por uma tempestade de aplausos. O jovem prodígio se sente no céu. A plateia pede bis, ele obedece com alegria. No fim, toda a escola o aplaude de pé. Comovida e maravilhada, a madre superiora toma a palavra: "Gravem esse precioso momento no fundo de seus corações deslumbrados, minhas queridas filhas, pois mais tarde, quando este menino inocente arrebatar multidões, vocês se lembrarão, felizes e nostálgicas, de tê-lo celebrado aos quatro anos de idade no seio de nossa família".

Os pais têm consciência de suas obrigações para com o pequeno caçula destinado a se tornar uma grande estrela. Mas não querem se precipitar. De todo modo, em Boa Esperança não há nenhum professor à altura de um aluno tão talentoso. Para aquele menino estranho e solitário, o piano é uma bênção que lhe permite expressar aos outros o que existe de mais profundo dentro de si mesmo. Nelson dá seu primeiro concerto no velho Cine Teatro Brasil de Boa Esperança aos cinco anos de idade. No programa, "La vie en rose", "La Paloma", "Mademoiselle"... Melodias da moda, aprendidas de ouvido. Num instante, ele se torna o príncipe da cidade e o herói da família. Anos depois, ao voltar à cidade natal para um recital clássico de verdade, ele ouvirá o mais fanfarrão de seus tios exclamar depois de uma sonata de Beethoven: "Ei, Nelson, agora toque o 'Tico-tico no fubá'!".

Em 1949, os pais de Nelson viajam para São Paulo, onde tinham passado a lua de mel. A cada dez anos, desde 1929, eles voltam à cidade para serem fotografados na frente do Monumento do Ipiranga, que celebra a independência do Brasil. Este é o lugar onde eles trocaram votos pela primeira vez. Em 1939, 1949 e 1959, esse ritual é escrupulosamente observado. Em 1949, Nelson tem quatro anos e meio. "Que presente você quer de lá?", perguntam os pais. "Partituras!", responde sem hesitar. Ele adora ler música à primeira vista, mas Boa Esperança não tem uma loja de partituras. Ao voltar, os pais lhe dizem com um sorriso: "Vá ver em seu quarto". Ele sai correndo. Há um pacote em cima de sua cama. Dentro dele, preciosas folhas cheias de notas pretas e brancas. "Foi uma das maiores alegrias de minha infância."

Aprender

O próprio Nelson pede para fazer aulas. Seus progressos são tão grandes que a família procura um professor renomado. Seria um crime "assassinar Mozart". A música abre horizontes insuspeitados, mas não pode ser confiada a qualquer um. Alguém aconselha um professor uruguaio, um certo Fernandes, que mora em Varginha. São quatro horas para ir e quatro para voltar da cidade, num velho ônibus todo estropiado, por estradas de chão batido. Cada aula é uma verdadeira expedição. A mãe o acompanha com fervor. Eles acordam às cinco horas da manhã para chegar às dez em ponto à casa do professor. "Nelsinho" faz progressos impressionantes. Passa todo seu tempo livre explorando os sons do teclado.

O maestro Fernandes é um senhor gentil que fuma sem parar. Ele nunca se senta ao piano e fala com um leve sotaque. Sua mulher, muito maternal, sabe fazer um excelente picadinho. Depois de doze aulas, o professor diz ao pai de Nelson: "Não tenho mais nada para ensinar ao menino. O senhor tem duas opções. Ou o transforma num menino prodígio e em dez anos a carreira dele chegará ao fim, ou ele estuda a sério com um bom professor no Rio de Janeiro".

Os pais precisam tomar uma decisão importante. Examinam a consciência, pesam os prós e os contras, preocupados. Mas existe realmente uma opção?

Enquanto isso, o *pequeno maestro* faz uma pequena turnê por várias cidades de Minas Gerais, em benefício de uma instituição de caridade. Quando ele passa pela cidade de Campanha, um artigo entusiasmado, de 28 de maio de 1950, propaga o concerto e os aplausos "delirantes" que louvam a noite. No programa, cerca de quarenta obras clássicas e populares – "tocadas de cor", especifica o redator. Há um pouco de tudo: o bolero "Quizás, quizás, quizás" (a quatro mãos com a irmã Nelma), "La vie en rose", "La Paloma", "Jalousie", "Adiós Muchachos" e o *Danúbio azul*. O *crossover* é inventado antes mesmo de ter esse nome. Podemos imaginar a mistura de emoção e gratidão para com a divina Providência quando a família descobre seu patinho feio transformado em cisne magnífico. O maravilhamento logo dá lugar ao senso de responsabilidade. Aquele talento excepcional não deve ser desperdiçado. Mas o que fazer?

Enviá-lo para um internato tão jovem, com um temperamento como o seu e uma saúde tão frágil está fora de cogitação. Nessa fase da vida, é comum as mães viajarem com os artistas em formação e os pais ficarem em casa. Mas isso acontece principalmente com filhos únicos. É muito comum os casais não resistirem à separação e os lares se despedaçarem. É esse o nó górdio mais delicado que o chefe da família terá diante de si. Pois toda a vida dos Freire está em Boa Esperança. A farmácia, os parentes e os amigos, numa cidade em que todo mundo se conhece, onde vivem os nove irmãos e irmãs dos pais de Nelson, sem falar do bando de primos. Uma comunidade com laços sólidos, num paraíso isolado das agruras do mundo e sob a proteção dos mortos.

Carta

Em 21 de julho de 1950, o pai de Nelson escreve ao filho uma belíssima carta[3] destinada a ficar na posteridade: "Meu filhinho, ao tomar a decisão de transferir-me com toda a nossa família para a capital da República, julguei oportuno registrar no teu álbum de reminiscências alguns fatos que intimamente dizem respeito à tua existência para que sirvam de orientação para tua biografia, isso porque a nossa mudança se faz unicamente por tua causa". O tom é ao mesmo tempo grave e carinhoso. Cheio de respeito e de amor. De senso de responsabilidade e de autoridade cheia de doçura. O pai lhe conta dos sofrimentos de que a infância o fez padecer e a descoberta inesperada de seu imenso talento. Não esconde nada do terrível dilema que se apresenta a eles: "Devemos dar razão ao nosso coração? Permanecer em nossa querida terra? Criando-te como o fizemos com os nossos outros filhos, no ambiente de paz e de concórdia onde se acham localizados os nossos interesses materiais e onde nos prendem os laços mais caros do sentimento familiar? Ou, por outro lado, rumaremos para o Rio, onde o custo da vida é muitíssimo mais dispendioso e o ambiente meio padrasto em infusões afetivas, mas onde as tuas aptidões poderão desenvolver-se ilimitadamente?".

Tudo é dito com nobreza de coração e simplicidade. Nada que possa mais tarde despertar culpa ou desconfiança. Trata-se de explicar com clareza uma situação extraordinária que é

---

[3]. A carta de José Freire Silva ao filho Nelson pode ser lida na íntegra no site do Instituto Moreira Salles, disponível em: https://correio.ims.com.br/carta/afetuosamente-o-papai/. (N.T.)

preciso enfrentar. De expor fatos precisos com humanidade e compreensão. De trazer todas as circunstâncias à luz e encarar uma escolha delicada sem se esquivar. Essa carta admirável nos revela a moldura firme e flexível em que Nelson cresceu e os valores segundo os quais foi educado: "Depois de muito meditar, resolvemos seguir essa última vereda, entregando nosso futuro a Deus. Cumprindo a nossa obrigação, deslocamo-nos do interior de Minas para a capital da República, com a finalidade primordial de acompanhar-te os passos, porque ainda não prescindias de nossa companhia e de nossa assistência, mas o teu destino, esse nós o colocamos na mão de Deus".

Palavras que têm o valor de um texto sagrado na história dessa "santa família". O Êxodo é contado com pudor e devoção. A escrita é bonita, segura. Nenhuma ênfase confere peso ao que é dito, nenhuma retórica veste ou maquia as palavras. A verdade nua e crua é compartilhada com um filho de seis anos destinado a se tornar um dos grandes artistas de seu tempo.

Rio

Na época, o Rio de Janeiro é a capital do Brasil. Embora o poder econômico já se concentre em São Paulo, a vida política e cultural acontece no Rio. Em 1960, o governo e a administração serão transferidos para a nova cidade de Brasília, mas a cidade com o famoso Pão de Açúcar conservará sua influência e continuará sendo uma atração turística. Hoje, a vida cultural do Rio de Janeiro já não tem nada em comum com o prestígio do pós-guerra. Antigamente, os grandes solistas se apresentavam na cidade a cada temporada. Como os deslocamentos da Europa ocorriam de barco, eles ficavam por várias semanas. Arthur Rubinstein deu dezessete recitais diferentes ao longo de todo um mês. Alexander Brailowski, Claudio Arrau, Walter Gieseking, Arturo Toscanini, Bruno Walter, Richard Strauss... Em setembro de 1951, Maria Callas canta *Norma* e *Tosca* no Rio de Janeiro. A rivalidade entre Callas e Tebaldi começa na cidade, inclusive, durante um jantar de gala para a Cruz Vermelha no Theatro Municipal, onde as duas divas se apresentam na mesma noite. Callas canta a grande cena de *La Traviata* e a romança do Nilo, Tebaldi canta a *Canção do salgueiro* e vários bis. Os aplausos se voltam para a italiana Tebaldi, e Barreto Pinto rompe o contrato com Callas, que, como uma tigresa em fúria, arremessa o tinteiro da escrivaninha de Scarpia na cabeça do diretor do teatro.

No Brasil da época, há uma verdadeira loucura pelo piano. Sem dúvida menos que pelo futebol, mas tanto quanto pela ópera. Os sucessos dos virtuosos locais afagam o orgulho nacional e despertam inúmeras vocações. Ernesto Nazareth (1863-1934), o "Chopin carioca", formado por um amigo de Louis Moreau Gottschalk, abrira o caminho tornando-se um dos grandes nomes do maxixe (ou tango brasileiro).

O grande professor da época chama-se Luigi Chiaffarelli. Professor de Guiomar Novaes, Chiaffarelli foi para São Paulo o que Vincenzo Scaramuzza (professor de Martha Argerich) foi para Buenos Aires. As três grandes estrelas do piano brasileiro são Guiomar Novaes, Magda Tagliaferro e Antonietta Rudge. A primeira reina nos Estados Unidos e a segunda (meio francesa) se estabelece na Europa. Duas rainhas que dividem o mundo à sua maneira. Magda, a mulher fatal e mundana; Guiomar, a eterna garotinha. Seus fãs são como torcedores de dois times rivais. As duas senhoras se encontrarão no fim da vida, sem mágoas e cheias de joias nos dedos.

Magda: Ah, Guiomar! Como vai?

Guiomar: Mal. Sinto falta de meu marido.

Magda: Eu também! Um me abandonou, o outro pegou meu dinheiro...

Guiomar: Mas você é jovem! Pode se casar de novo...

Juntas, elas somam 168 primaveras.

A terceira é menos conhecida. A saúde frágil a impede de ter uma carreira internacional. Mas Arthur Rubinstein dissera: "Gosto de Bach e Beethoven, principalmente quando tocados por Antonietta Rudge".

Ipanema

A família Freire se muda para o Rio. O prodígio de cinco anos e meio é carregado em triunfo pela multidão até a saída de Boa Esperança, como Chopin despedindo-se de Varsóvia. E a cantata de adeus composta por seu professor é entoada pelos amigos: "Embora você deixe nossa região/ Seu coração permanece entre nós".

Quatro anos depois, o conselho municipal de Boa Esperança decidirá por unanimidade dar o nome Nelson Freire a uma rua, logo depois de seu aniversário de dez anos. Por ora, a família se dirige ao aeroporto com os ouvidos ainda reverberando as aclamações, o coração dividido entre a alegria da partida e a tristeza do exílio. Primeira viagem de avião. Para o menino, a aeronave parece um peixe. Talvez como Pinóquio, que reconhece o atum graças ao qual consegue escapar do ventre da baleia. Haverá vários outros peixes voadores ao longo de sua carreira. Ele não os apreciará nem um pouco e odiará acima de tudo as turbulências. Nelson e seus pais viajam à capital sozinhos, como batedores. Os irmãos e as irmãs se juntam a eles mais tarde. Enquanto procuram por um apartamento, eles dormem num hotel.

Uma noite, pouco depois da chegada, o pianista Nikolai Orlov, virtuose russo, especialista em Chopin, apresenta uma série de recitais no Theatro Municipal. Essa réplica do Palais Garnier no centro do Rio é um dos orgulhos da cidade. Com habilidade, o casal Freire consegue uma audição para o filho. "Nelsinho" toca o piano do salão do hotel onde está hospedado o mestre soviético. Suas pernas são curtas demais para alcançar os pedais que prolongam e colorem o som, mas os dedos são tão ágeis e velozes que a música não é afetada. Nikolai Orlov fica maravilhado: "Ele tem mãos de ouro". Os pais ficam radiantes. O testemunho de um representante eminente da grande escola russa de piano os conforta na decisão tomada e dissipa suas preocupações.

Alguns dias depois, eles se instalam na rua Redentor, entre a Lagoa e a praia de Ipanema, não muito longe da casa de Tom Jobim. O pai da bossa nova um dia diria: "Nelson Freire é um daqueles cometas que aparecem a cada cem anos". O bairro é agradável, mas o apartamento é pequeno comparado à grande casa de Boa Esperança, ao imenso jardim, às árvores frutíferas, aos animais... Mais tarde, Nelson dirá: "Eu tinha a impressão de estar na prisão".

Antecipando despesas inevitáveis, José Freire procura um trabalho que o remunere mais que a farmácia. Graças a conhecidos, consegue um cargo numa sucursal do Banco de Minas Gerais.

A mãe de Nelson, por sua vez, cuida devotadamente do artista da casa, "como se tivesse feito uma promessa", dizia o pai do garoto. Nelson passa no teste do Conservatório Nacional. Ele é oficialmente declarado menino-prodígio. Impecável leitura de notas e acordes. Espantosa capacidade de ler à primeira vista partituras muito difíceis. Os examinadores ficam impressionados.

Durante um congresso científico no Rio, ele é convidado a dar um recital para distrair os participantes, entre os quais Alexander Fleming, o inventor da penicilina. Nelson toca a *Valsa do adeus* de Chopin, a *Alla turca* de Mozart, a *Rapsódia húngara n. 2* de Liszt, Villa-Lobos e trechos do *Concerto n. 1* de Tchaikovski. "Um gênio!", exclama a manchete do jornal *O Globo* para se referir ao menino que toca para a assembleia de maiores cientistas do mundo.

Na escola primária, Nelson é tímido e silencioso. Todos o deixam em paz. Ninguém pode imaginar o que se passa por trás de seus olhinhos vivos, curiosos e risonhos. "Eu ia bem em todas as matérias, menos em música." Durante a lição de solfejo, os outros alunos se saem mais ou menos bem em ditado musical. Menos Nelson! Ele tira zero sistematicamente. Sem talento para a música, pensa o professor, de boa-fé. Muito pelo contrário! Com ouvido absoluto, o menino não reconhece nenhuma nota que é cantada. Os ritmos, por sua vez, não são precisos o bastante. Enquanto uma mente mediana relativiza e compensa, um cérebro extremamente sofisticado tropeça nas aproximações e sofre com o menor deslize. Na idade adulta, esse agudo perfeccionismo alimentará sua agonia.

Não é só isso. Suas capacidades pianísticas são imensas e suas habilidades técnicas, ilimitadas, mas um diabinho se empenha em lhe criar um calcanhar de Aquiles. "Numa escala (não direi qual), há uma coisa que todo mundo sabe fazer, menos eu", ele me confidenciará um dia. E no ano 2000, no *Le Monde de la Musique*, ele dirá: "Às vezes empaco numa passagem fácil e não consigo tocá-la. Volto a ela mais tarde e consigo. Impossível entender por quê".

Por ora, o problema é de ordem psicológica e é sério. Desde a chegada da família ao Rio, o menino não se adapta a nenhum professor. Seu primeiro mestre é um homem da velha escola. Quando o aluno não faz o que é pedido à risca, ele costuma lhe dar um piparote na orelha. Nelson tem horror de ser tocado. Assim que uma mão se aproxima, a zona ameaçada se torna vermelha como um pimentão. As orelhas são sua parte mais íntima, o ídolo sagrado de um templo chachapoya. Como os cabelos de Martha Argerich, que mostra as unhas quando alguém os toca. Na primeira vez, apesar da dor insuportável que somente os hipersensíveis podem entender, Nelson não diz nada, mas o lóbulo de sua orelha se torna vermelho-sangue.

Os pais pedem educadamente um encontro com o professor e explicam: "O senhor não deve de modo algum tocá-lo". O professor diz que entende, mas na aula seguinte um novo piparote acerta uma orelha, que se torna incandescente. Na terceira vez, sem abrir a boca, Nelson dá um grande pontapé na canela do professor. Com toda a força. O velho começa a gritar. O insolente é expulso e proibido de voltar. Os pais ficam consternados. Procuram outros professores, mas algo se rompe dentro do menino: "Eu desconfiava de todos. Não gostava de nenhum". Ele começa a demonstrar uma mistura de timidez e agressividade, como um animal ferido.

Várias semanas se passam, vários meses, e nada. Os pais se perguntam se a mudança para o Rio não teria sido uma loucura. O menino se recusa a ouvir. Não se trata de um capricho. Seria como pedir ao vento para soprar em horas fixas. Ele evolui segundo seu próprio ritmo. Improvisa, toca melodias em voga, decifra qualquer tipo de partitura e se sente muito feliz com aquela imersão musical, mas a família não deixara a cidade querida para deixar o mato crescer entre os paralelepípedos da cidade grande. Mais tarde, ele dirá: "No Rio, até as nuvens me incomodavam". As de Boa Esperança eram suaves, redondas, pareciam próximas. No Rio, são apressadas e indiferentes. E o feijão! Tinham uma linda cor castanha, eram macios e saborosos no interior. Na capital, são secos e pretos "como carvão".

Lucia e Nise

Os pais começam a cogitar um retorno a Minas. O "prodígio" estava acabando. Ponto-final. Seu tempo chegava ao fim. Ele havia brilhado como uma estrela, mas a estrela se apagou. Colette escreveu um texto terrível sobre as crianças-artistas. A história de uma certa "Patti, a húngara", que tinha sotaque de Bordeaux e cantava notas agudíssimas no Éden de Lyon. O fim é enregelante: "Seu registro vocal sucumbia, um pouco à fumaça das salas, um pouco ao ar frio que, dos arcos do teto, caía sobre os ombros nus, um pouco aos grogues dos bufês das estações de trem". O destino do Paderewski brasileiro não é tão patético quanto o da "Patti" bordelense, mas o futuro se delineia de maneira igualmente inexorável.

Resta uma pequeníssima possibilidade. O pai não acredita que seja possível, mas a mãe se agarra a essa última esperança. Eles marcam um encontro com Lucia Branco. Pianista natural de São Paulo, antiga aluna de Arthur de Greef (discípulo de Liszt) em Bruxelas, ela também é inspetora de ensino no Conservatório brasileiro. Uma personalidade musical, uma grande professora. Ela ensina o que chama de "técnica moderna", isto é, o retorno aos fundamentos da escola lisztiana, liberta das más tradições e livre da rigidez da escola francesa. Peso do braço, mão que molda o teclado, relaxamento, busca da sonoridade, uso de todo o corpo... Para Guiomar Novaes, que a conhece desde a infância, Lucia Branco tem o gênio da pedagogia.

É ela quem prepara Jacques Klein para sua vitória no concurso de Genebra em 1953. Também será ela que se ocupará de Arthur Moreira Lima e o levará ao segundo lugar do concurso Chopin de Varsóvia em 1965 (ano do triunfo de Martha Argerich). Ela não dá aulas para crianças, mas toda regra tem suas exceções. Dona Lucia recebe Nelson e os pais em seu magnífico apartamento no Leblon, bairro chique do Rio entre Ipanema e o Jardim Botânico. Ela leva o *pequeno gênio* até o piano de parede dos alunos, pois o piano de cauda que fica na sala está reservado para ela e aos artistas de passagem. Nelson dá uma demonstração espantosa de seu talento natural. Suas mãozinhas soltam faíscas sobre o teclado e brilham sem nenhum esforço. Ele foi feito para o piano, como o sol para o mar. Depois que o jovem prodígio acaba, ele esconde a cabeça de urso polar em corpo de abelha no pequeno espaço entre o piano e a parede.

Lucia Branco fica perplexa. O garoto é incrivelmente talentoso. Ele respira música por todos os poros. Tira um som bonito do instrumento, tem os dedos maravilhosamente ágeis, mas seu talento é bruto, sem estilo e sem forma. Ele ainda não é um rio, com nascente, leito e foz, está mais para as Cataratas do Iguaçu: pluft! Seria um privilégio transformar aquele prodígio da natureza em obra de arte. Dito isso, que temperamento! A pianista morde os lábios. Decisão difícil. Terá paciência para ensinar um garoto tão arisco? Ela se vira para o pai, cujos olhos emanam um misto de ansiedade e esperança: "Veja bem, não prometo nada. Ele é um verdadeiro fenômeno, mas não tenho tempo. A interpretação dele ainda está suja, ele precisa de um bom banho...". Seu olhar, porém, se acende: "Mas pensei em algo". Lucia Branco pega o telefone e disca um número: "Nise? Ouça bem, encontrei um garoto tão louco quanto você, e, como você é igualmente louca, acho que pode dar certo. O que me diz?". Ela se vira para o pai: "Onde vocês moram? Ela está chegando".

Um pouco depois, "o louco" espreita "a louca" pela varanda do segundo andar da casa da família. A data de 1º de abril de 1952 ficará gravada para sempre em sua memória. Um táxi preto para na frente do prédio. Uma mulher belíssima sai do carro usando um vestido de seda em cores vivas. Alguns intermináveis minutos depois, Afrodite entra na modesta sala dos Freire. Seu perfume de almíscar não combina com o cheiro de lustra-móveis. Nise é divorciada, fuma, mora com gatos, ri alto e fala com ousadia. Como disse dona Lucia: uma "louca"! Mais ponderados, os pais estremecem ao ver aquele mulherão. O pequeno Nelson fica fascinado. Como Glenn Ford na primeira cena de Rita Hayworth em *Gilda*, de roupa de baixo, deitada na cama, a cabeleira jogada para trás. O mais extraordinário é que o amor à primeira vista é recíproco. O leãozinho tem sete anos, a tigresa, 32, mas um amor instantâneo nasce entre aquelas duas almas apaixonadas pelo absoluto.

Se não tivessem conhecido Nise, os Freire talvez tivessem voltado para Minas. Quem sabe Nelson não teria se tornado farmacêutico ou contador? Tocando "La Paloma" ou "Jalousie" aos domingos, para um punhado de turistas embriagados no hotel da cidade. A arte teria perdido um de seus servidores mais fiéis. E o mundo, uma grande alma.

Pouco depois de conhecer Lucia e Nise, Nelson escreve uma carta ao pai. Ele se apresenta com simplicidade. Seu texto é tão comovente que lembra a ingenuidade de Schubert em *Meu sonho*. Em poucas palavras, ele grava na pedra seu amor pela música:

Minha vida.[4]
Eu sou um menino de oito anos de idade.
Eu me chamo Nelson José Pinto Freire.
Eu nasci no dia 18 de outubro de 1944.
Eu sou um menino que passo a vida alegre.
Eu brinco muito com os meus amigos.
Eu também brigo e brinco com os meus amigos.
Eu mostro-lhe o meu desejo.
Música, música.
Eu lhe falo que termino com uma palavra.
Eu acho ela simples.
Fim
Eu passo a vida na música, música, música...

---

4. A carta de Nelson Freire para José Freire Silva pode ser lida na íntegra no site do Instituto Moreira Salles, disponível em: https://correio.ims.com.br/carta/um-bilhete-de-nelson-freire/. (N.T.)

A felicidade reencontrada tem um nome: Nise. Existem paixonites para enganar o tédio, ligações duradouras para suportar o peso da existência e, mais raramente, grandes amores que mudam o mundo. Entre Nise e Nelson, a coisa será para a vida toda. Eles sabem disso. O alfabeto também: o N de Nelson e o N de Nise são tudo contra o M da Música. O amor se alimenta de símbolos e se alegra em ler seu destino escrito nas estrelas. N: décima quarta letra do alfabeto. Catorze: número mágico para Johann Sebastian Bach, que brinca com as letras de seu sobrenome.[5] Bach: o pai da música.

A música é o ideal que eles têm em comum. A estrela que eleva e enobrece os fogos da paixão. Mais de trinta anos depois, quando os dois estiverem morando na região parisiense, Nise escreverá uma carta a Nelson:

> Descobri hoje que te amei desde aquele dia. Quisera naquele tempo que só quando fazia música o mundo era bom. Tocar, palco, palmas, o resto era bem o resto. Certo dia te conheci, pinguinho de gente, meio irreal, nem criança nem bichinho nem pessoa. De pé, na frente de um enorme piano, e correndo as mãozinhas tão pequenas que nem os dedos apareciam com a velocidade dos movimentos. Era tão cômico, era tão comovente e era tão diferente... Era qualquer coisa fora deste mundo, não dava para classificar de feio ou bonito. Neste momento, vendo bem tudo aquilo, eu vejo que te amei porque pensei para mim mesma: que

---

5. O número catorze é considerado uma assinatura musical de Bach, devido à soma dos números de seu sobrenome: B (2) + A (1) + C (3) + H (8) = 14. (N.T.)

bom, ele já tem o seu mundo, também para ele o resto será o resto.[6]

A primeira coisa que Nelson toca para Nise parece um fogo de artifício sem ordem nem direção. Foguetes prodigiosos, acesos como que sem querer, que iluminam a abóbada celeste e ainda não contam uma história. Os dedos são flexíveis, desarticulados e passeiam sem esforço pelo teclado. Uma interpretação natural, espetacular, mas de circo. Possível em concerto enquanto durar o encanto da infância, mas de menor interesse depois da metamorfose, do excesso de espinhas e dos primeiros pelos no queixo. Por enquanto, frágil. Uma palavra mal colocada, uma pedagogia seca e tudo pode acabar. Nelson não precisa apenas de rigor – não se trata de colocá-lo sob alta pressão. Como todo grande talento, ele precisa ser bem nutrido. Precisa de amor, imaginação, cultura, inteligência. Senão, como a lebre da fábula, perderá sua vantagem e será ultrapassado por tartarugas mais motivadas.

Em poucos dias, o menino está pronto para começar as aulas. Lucia Branco aceita ser sua professora e Nise será a assistente dela. Nelson vê dona Lucia todas as quintas-feiras e Nise, duas vezes por semana. Ele estuda algumas horas por dia, além de ir à escola. Sua mãe o acompanha em todas as aulas e registra tudo num caderno. Essas anotações feitas entre 1952 e 1958, zelosamente conservadas, permitem reconstituir a formação de um virtuose dos oito aos doze anos. Todas as aulas começam

---
6. A carta de Nise Obino a Nelson Freire é lida na íntegra pela filha de Nise no documentário *Nelson Freire* (2003), de João Moreira Salles. (N.T.)

com solfejo. Depois, ele faz uma leitura à primeira vista. A seguir, dez minutos de técnica pura, nunca seca, sempre com fluidez e som bonito, com toques variados. Exercícios escritos. Por fim, aula de interpretação. Tudo é revisado, a cor, os dedilhados, o ataque... Uma hora no total.

Dona Augusta anota escrupulosamente a mínima observação: "Na valsa de Chopin, estude o acompanhamento da mão esquerda tocando as notas em pizzicato". Lucia Branco faz uso de imagens. Os dedos são "cavalinhos". O "acavalamento" é a passagem do polegar. Pouco a pouco, a professora se torna mais exigente: "Sinta a música e envie-a a seus dedos, ouça o que está tocando".

Dona Lucia está sempre com um cigarro na boca e uma xícara de café ao alcance da mão. Sua voz grave faz Nelson rir. Ela tem bom humor. Na hora de passar para o estudo da *Dança do índio branco*, de Villa-Lobos, ela diz: "Vamos ver a dança do meu ancestral". Para preparar o aluno para a dor do *Prelúdio n. 4* e do *Prelúdio n. 6* de Chopin, ela lhe conta uma história triste. Nelson fica tão comovido que começa a chorar. Lucia Branco tem um ouvido infalível. Ouve tudo num acorde de oito notas. Quando Horowitz toca um sustenido em vez de um dobrado sustenido num *Prelúdio* de Rachmaninoff, ela percebe na hora.

Depois de três meses desse regime diário, o menino está pronto para dar um recital completo. Aos sete anos, o chimpanzé indócil já é capaz de tocar qualquer estilo: a *Sonata em fá maior* de Mozart, as *Três danças fantásticas* de Shostakovich, algumas obras de Villa-Lobos, a *Sonatina n. 3* de Guarnieri, *Barcarola*, *Pierrot* e *Tarantela*, de Henrique Oswald, o *Prelúdio op. 3 n. 2* de Rachmaninoff. Note-se que os músicos brasileiros da época sabem defender o repertório nacional com paixão e o público o aceita sem reclamar. Mas chega de boleros e canções de variedades!

Ao fim de cada ano, o menino apresenta um recital. Em 1956, ele toca o *Concerto n. 9, "Jeunehomme"*, de Mozart, com a Orquestra Sinfônica Brasileira no Theatro Municipal. No ano seguinte, Lucia o aconselha a estudar um concerto de Beethoven. "Escolha o número quatro ou o número cinco. São Beethoven em seu apogeu." Ela tende ao número quatro. Nelson escuta o número quatro tocado por Rubinstein (regido por Sir Thomas Beecham) e o número cinco, por Horowitz (regido por Fritz Reiner). Escolhe o último, talvez para se medir com o russo.

Dona Lucia insiste para que Nelson se impregne de clássicos. Em 1955, lhe oferece uma partitura com a seguinte mensagem: "Nelson, que Mozart, o músico dos anjos, venha servir para equilibrar seu entusiasmo atual pela paixão da música romântica e moderna. Conserve-se, meu querido Nelson, dentro de uma justa medida admirando e amando tudo que traz o selo divino do tempo e do espaço".

Lucia Branco e Nise Obino são complementares. *O que a mulher quer, Deus quer*, diz o provérbio. Então imagine duas! Embora a escola à qual elas dizem pertencer seja a mesma, seus temperamentos diferem. Dona Lucia é elegante, Nise é mais exuberante. "Nise é a Carmem da ópera", costuma dizer Lucia Branco. Esta não é menos determinada. Um dia, ela leva Nelson para ouvir Witold Malcużyński no Theatro Municipal. O recital começa às nove horas da noite, tarde para uma criança. Mas dona Lucia está decidida. "E se não me deixarem entrar?", pergunta Nelson. "Tenho três métodos para isso. Primeiro, converso com o porteiro", ela diz. "E se não der certo?", Nelson quer saber. "Se não der certo, eu o suborno." Silêncio. "E se ainda não funcionar?", questiona Nelson. Dona Lucia fixa seu olhar de aço no do garoto, levanta uma mão ameaçadora e a deixa pairar no ar sem responder...

Desde o início, como uma mãe loba ajudando um bebê a sobreviver na selva, Nise Obino reconstrói a técnica de Nelson a partir do zero. Primeiro na casa dos Freire, depois em sua própria casa. Legato, *perlé*, *détaché*, staccato, portamento. Ela oferece o alimento, ele aceita tudo. Como diz Nelson: ela descasca o abacaxi. Todas as ferramentas da retórica musical são estudadas. A arte do toque, do canto, da declamação, da construção de um discurso com total independência dos dedos. Um trabalho longo, minucioso. Escalas e arpejos em todas as tonalidades e em todas as dinâmicas, do pianíssimo ao fortíssimo. A técnica nunca está separada da expressão. O som nunca pode ser feio. Sempre colorido. Ela decompõe cada som e o vincula à vida.

Para inscrever em profundidade todos os mínimos movimentos num cérebro ainda em formação e gravar para sempre as bases pianísticas num corpo flexível e pronto para absorver qualquer coisa, ela faz Nelson tomar consciência dos dedos, dobrando as falanges, recobrindo-as com esparadrapos para fortalecer cada segmento de maneira independente e endurecer essas pontas de borracha. O peso dos acordes é definido de maneira meticulosa, cada movimento é milimetricamente medido e todas essas informações são armazenadas para sempre num recanto do cérebro e utilizadas ao infinito. É preciso muito talento para submeter uma criança a esses preceitos tediosos e fazer com que ela os aceite com gosto e paixão!

Pessoas de temperamento dócil costumam se curvar à disciplina e tornam-se máquinas perfeitas, mas não vão muito longe porque não têm nada a dizer. Crianças sensíveis com um talento natural costumam ter dificuldade de se disciplinar. Por que complicar o que vem tão fácil? Para o professor, não se trata apenas de domar um tigre, mas de lhe ensinar o sentido do esforço e do trabalho bem-feito, de estimular a sede de perfeição. Uma base técnica ruim será uma desvantagem permanente para o artista e limitará a riqueza de sua expressão. Por isso o aprendizado é decisivo.

Visto de fora, o processo pode lembrar um adestramento. No caso de Nelson, porém, a autoridade, a força e a ameaça não causam nenhum efeito. O amor é a única coisa que lhe permite superar obstáculos. Ele é necessário quando se precisa ficar várias horas numa mesma dificuldade sem perder o foco. Para que o menino entenda a razão dessa escravidão, às vezes é preciso levá-lo para fora, ao ar livre, e lhe mostrar a intensidade do brilho do sol. Nise o leva a vários concertos. Ele conhece Solomon, Backhaus, Rubinstein. Ela o ensina a ouvir. E a se ouvir. Sempre! Ele entende.

Nise ensina um segredo a Nelson. A capacidade de estudar sem o piano. De dia, de noite, as notas se sucedem em sua mente. Ele ouve todos os sons. Na hora de pousar os dedos no teclado, está tudo pronto, inclusive os dedilhados, com frescor e surpresa, pois a música não se gasta em várias repetições tediosas. Comparado aos esforçados e aos inexperientes, Nelson às vezes parecerá um digno produto da preguiça sul-americana. Ele próprio às vezes sucumbirá a essa visão negativa e se culpará por não estudar o bastante. Até a amiga Youra Guller lhe mostrar o contrário: que ele vai muito mais longe sonhando sob as estrelas do que suando como um condenado.

Lucia Branco é a professora oficial, mas, se Nise saísse de cena, não haveria quadro. Pois ela não é apenas a moldura, ela é a musa. A relação com Nise é intensa, apaixonada, quase assustadora. Eles não podem viver um sem o outro. Hoje, falaríamos em *dependência* e tentaríamos impedi-la. É por isso que *Il n'y a plus d'après/ À Saint-Germain-des-Prés*.[7] Um dia, Nelson adoece. O termômetro marca 41°C. Ele fica pálido, transpira em abundância. Em seu delírio, ele chama Nise. A mãe acaba avisando a professora. Nise acorre à cabeceira do "moribundo". Ela coloca a mão em sua testa e a febre cai como num passe de mágica. Naquele momento, dona Augusta entende a força do laço que os une. Nise nunca trata Nelson como uma criança. "Bom, agora vamos falar *de homem para homem*", ela às vezes dizia. De política às artes, passando pela filosofia, nenhum assunto é tabu. Nise também compartilha com ele seus pensamentos mais íntimos. O garoto sabe tudo de sua vida, de seus amores.

Concertos

Em 11 de julho de 1954, aos nove anos, Nelson volta a Minas Gerais para dar um recital em Belo Horizonte, capital do estado. No programa, duas sonatas de Scarlatti, *Sonata op. 10 n. 1* de Beethoven, *Cenas infantis* de Schumann, *Polonaise op. 26 n. 1* de Chopin, *O polichinelo* e *A lenda do caboclo* de Villa-Lobos, e

---

7. Literalmente: "Não existe depois em Saint-Germain-des-Prés", verso de uma música de Guy Béart cantada por Juliette Gréco. (N.T.)

Rapsódia brasileira (dedicada a Guiomar Novaes) de Luiz Levy. Irmão do compositor Alexandre Levy, Luiz Levy estudara com Gabriel Giraudon, um francês que vivia em São Paulo. Com Lucia e Nise, Nelson explora um vasto repertório. Bach, é claro, com as *Invenções*, a seguir com os *Prelúdios e fugas*, as *Sonatas* de Beethoven, os *Estudos* de Moszkowski, de Chopin, de Liszt, de Schumann... Primeiro bem devagar, depois acelerando progressivamente, com metrônomo. Ele toca muitas peças virtuosísticas. *O voo do besouro*, na transcrição de Rachmaninoff. Com ritmos diferentes, para se divertir.

No dia 22 de novembro de 1956, ele dá um recital no Rio, no belo palco do Theatro Municipal, como um verdadeiro mestre. No programa: *Tocata em dó menor* de Bach, *Sonata op. 2 n. 3* de Beethoven, *Noturno op. 27 n. 1*, *Valsa op.70 n. 1*, *Scherzo n. 3* de Chopin, *Prelúdios op. 32 n. 10* e *n. 12* de Rachmaninoff, *Sonatina n. 3* de Guarnieri, *Dança do índio branco* de Villa-Lobos. Com apenas doze anos! Enquanto dona Augusta lhe transmite os valores humanos, Nise completa a educação desse menino genial. Ela lhe ensina a humildade, qualidade máxima do artista exigente, sem o rebaixar ou humilhar.

Um dia, Nelson está na casa de Nise, que recebe amigos. Ele tem oito ou nove anos. Todos pedem para ouvir o menino, que não está com muita vontade de tocar. Por fim, aceita fazer a vontade dos presentes. Nelson não fica muito satisfeito com seu desempenho, mas o público se entusiasma, então ele sorri e se envaidece. Quando os convidados vão embora, Nise olha para ele com ar irônico: "Nem tudo são flores". Nelson se lembrará para sempre desse dia como o de uma das mais importantes lições de sua vida. Não acreditar demais no sucesso. Nunca dormir sobre os próprios louros. Não julgar a si mesmo pelos aplausos dos outros. Até uma idade avançada, ele continuará estudando como Nise lhe ensinou: com metrônomo! Os hábitos que Nise lhe inculcou ficam gravados em sua carne e em seu coração.

Na escola, ninguém sabe que ele é pianista. Ele esconde as partituras no fundo da mochila ou guarda as folhas dentro dos livros para que ninguém veja. O futuro maestro John Neschling o conhece nessa época. Nelson tem sete ou oito anos, Neschling tem cinco. "Eu sabia que ele tocava, mas não falávamos de música, gostávamos dele, só isso." Aos nove anos, a presença de Nelson é programada num concerto para a juventude com a Orquestra Sinfônica Brasileira. John Neschling se lembra com emoção dos dois ingressos que Nelson lhe deu para que ele pudesse ir ouvi-lo com sua mãe. "Havia excelentes pianistas brasileiros naquela época, Antonio Guedes Barbosa, Roberto Szidon, Arthur Moreira Lima, mas Nelson era o mais talentoso." Na infância, John Neschling já ficava fascinado com as pequenas mãos do colega. "No bonde, eu as devorava com os olhos, me perguntando: como é possível?"

O maestro foi testemunha da relação fusional entre Nelson e Nise. "Ela era maternal e severa. Não necessariamente amável, mas totalmente devotada a Nelson. A relação nunca foi tempestuosa. Nise emitia uma opinião ou um conselho pessoal, Nelson concordava com ela. Ele sentia tudo o que ela sentia, pensava tudo o que ela pensava."

Um dia, Nise disse a Nelson: "Vamos ouvir a maior pianista do mundo". Ela não estava exagerando. Guiomar Novaes é comparada a Rachmaninoff e a Josef Hofmann, a quem estava ligada. Nelson fica atordoado com o concerto. A pianista brasileira toca com total naturalidade e parece inventar a música à medida que a interpretação avança. Lucia Branco a conhece desde a infância e costuma dizer: "Guiomar tem *alguma coisa...*". Ela nunca diz mais que isso e não consegue ser mais clara, mas sua imprecisão aponta perfeitamente para o essencial. Conhecendo-a, Nelson descobre uma personalidade feita de intuição, inocência e maturidade.

Cinema

Quando não está ao piano, o menino se distrai no cinema. Os filmes americanos dos anos 1950 alimentam sua fértil imaginação. *Torrentes de paixão*, *A condessa descalça*, *Johnny Guitar*, *Fúria de viver*, *A sombra do caçador*, *Tudo que o céu permite*, *Tarde demais para esquecer* e *O homem que sabia demais* encantam seu cotidiano. Seus atores preferidos são e continuarão sendo Gary Cooper, Burt Lancaster e Orson Welles. Suas atrizes preferidas fazem parte de sua vida. Rita Hayworth, a musa absoluta, sobretudo em *Gilda*. Sua sensualidade irresistível quando ela tira as luvas compridas cantando "Put the Blame on Mame"! Bette Davis, Joan Crawford, Marilyn Monroe e Ava Gardner ocupam um lugar de destaque. Em breve, Harrison Ford se juntará a elas. Ainda mais depois que Nelson o conhece pessoalmente e, meio sem graça, lhe pede um autógrafo.

Existe outra razão para ele apreciar o encanto das salas escuras. O pré-adolescente logo percebe uma estranha movimentação em certos locais frequentados por homens. Olhares insistentes, toques furtivos e mãos-bobas. Na época, as pessoas fumam, comem e bebem nos cinemas. E também se dedicam a prazeres misteriosos, sem que nenhuma palavra seja trocada. O garoto às vezes ousa queimar etapas, causando verdadeiros constrangimentos. Certo dia, um homem sente uma mãozinha hábil em seu bolso e grita: "Pega ladrão!", mergulhando nosso Ganimedes no maior embaraço.

Seu despertar para a sensualidade havia sido precoce. Aos cinco ou seis anos, ele havia sido iniciado por um operário de Boa Esperança. O homem teria trocado carícias com o menino enquanto olhava uma foto da esposa. Mais tarde, Nelson teve uma aventura forçada e menos agradável com um primo. Depois, um vizinho robusto e sensível mostraria ao garoto o lado positivo de seus gostos. Este será seu jardim secreto. Seu segredo de polichinelo. Com os amigos de infância ou com a família, ele nunca o mencionará, repelindo qualquer alusão a ele. Todos sabem, mas ninguém comenta. Somente os amigos íntimos e os que compartilham de seus gostos o ouvirão falar a respeito. Dona Augusta continuará acreditando num idílio com Martha Argerich. Ninguém ousará contar a verdade à mãe.

Concurso

Em 1957, Lucia Branco decide inscrever Nelson no novíssimo Concurso Internacional de Piano do Rio de Janeiro: "Você não tem nenhuma chance, mas precisa passar por essa prova de fogo". É a primeira vez que um evento desse porte é organizado no Brasil. O piano é uma verdadeira febre nesse país devotado ao samba dos morros e ao choro dos subúrbios.

Todos os lares de classe média têm um piano na sala, sinal de prosperidade e confiança no futuro. A organização do futuro parece uma copa do mundo de futebol. Cordões de isolamento cercam o teatro. As forças da ordem contêm a multidão e o enxame de jornalistas. A cidade não fala de outra coisa. Nos cafés, nos ônibus, nos mercados. As pessoas tomam partido a favor ou contra os candidatos.

Oitenta pianistas afluem do mundo inteiro. Há pianistas vindos até mesmo da União Soviética, olhados com tanta curiosidade quanto os primeiros "longs nez"[8] a entrar na China. Alguns já estão cheios de prêmios e são famosos em seus países. A maioria tem entre vinte e trinta anos. Entre eles, um garoto de doze anos, o mais novo da competição e orgulho nacional. O que significa dizer que Nelson Freire é o queridinho do público e da imprensa. As pessoas brigam para ouvir e ver o menino. Até o presidente do Brasil, Juscelino Kubitschek, vai às pressas ao teatro quando chega a vez de Nelson tocar. Todos os dias há reportagens, artigos e prognósticos nos jornais. No júri: Guiomar Novaes, Marguerite Long, Lili Kraus, Pavel Serebriakov, Henryk Sztompka, João de Sousa Lima. "Se conseguir passar das eliminatórias já será muito bom", dona Lucia o incentiva.

As provas acontecem entre março e abril, durante o feriado de Páscoa. Na época, Nelson não fazia mais aulas com Nise. Ela se casara de novo. "Contra minha vontade", ele diz, sério. Dona Lucia o deixa com a rédea solta. "Tudo que ele fizer será bonito", ela diz, enternecida e desapegada. Dois meses antes do início das

---

8. Literalmente, "nariz comprido", maneira de os chineses se referirem aos ocidentais. (N.T.)

provas, esquecendo seu ciúme e o motivo de sua birra, Nelson toca seu programa para Nise. Várias peças de Chopin, pois o concurso é mais ou menos dedicado ao compositor. O julgamento de Nise é categórico: "Horrível!". Juntos, eles retomam tudo do zero. Nada é deixado ao acaso. Nise inclusive hospeda um polonês para que Nelson se impregne do espírito das mazurcas.

Nas eliminatórias, ele precisa tocar uma tocata de Bach. "Pense numa caixinha de música", lhe diz Lucia Branco. O conselho é breve, mas acertado. Depois, ele continua com Chopin: *Noturno em dó menor op. 27*, *Estudo em fá maior op. 10 n. 8* e a famosa *Polonesa heroica*. Para surpresa da professora, ele passa de fase. Na semifinal, ele precisa escolher uma balada de Chopin, embora não tenha trabalhado nenhuma das quatro. Arnaldo Estrella as está apresentando em recital naquele exato momento. "Vá vê-lo e depois me diga sua preferida", sugere Lucia Branco. Nelson não gosta da segunda (mudará de ideia mais tarde). Dona Lucia sugere que ele toque a primeira. Mas Nise lhe mostra quatro dedos com a mão, sem que dona Lucia veja. "A quarta!", responde Nelson. Ele a prepara em poucos dias e a toca depois de uma mazurca e de outro estudo. Dona Lucia lhe diz a frase atribuída a Pierre de Coubertin: "O importante é participar". Para ela, seu outro aluno, Arthur Moreira Lima, mais velho (dezesseis anos), tem mais chances de vencer.

Mas o inacreditável acontece. Com apenas doze anos, o garoto fica entre os doze finalistas. Sua fotografia aparece em todos os jornais do país. À frente da Orquestra Sinfônica Brasileira, com toda sua coragem, tocando o primeiro movimento do *Concerto "Imperador"*, de Beethoven. Sua apresentação provoca uma tempestade de aplausos.

Chega a hora da premiação. Primeiro lugar: o austríaco Alexander Jenner (aluno de Bruno Seidlhofer e já premiado no concurso de Genebra). Durante as provas, Jenner conhece uma pianista brasileira, Maritza, amiga de Nelson, com quem se casará e voltará para Viena. Segundo lugar: Serguei Dorenskï (futuro professor no Conservatório de Moscou). O húngaro Tamás Vásáry fica em quinto lugar (ele logo gravará para a Deutsche Grammophon). Nelson fica em sétimo lugar, posição excepcional dada sua idade e o altíssimo nível dos competidores. O favorito da equipe brasileira, Arthur Moreira Lima, fica em décimo lugar (ele logo será premiado no concurso de Leeds, na Inglaterra, e ficará em terceiro lugar no concurso Tchaikovski de Moscou).

O júri só tem olhos para a adorável *criança*. Guiomar Novaes diz que ele é "um pequeno Rubinstein". Como sempre, a grande pianista brasileira acerta em cheio, pois os pontos de comparação entre os dois artistas serão numerosos. Toque muito puro, amor pela vida e dores superadas. Lili Kraus o acha "niedlich" [bonitinho]. Marguerite Long lhe oferece uma bolsa de estudos em Paris. Para Nise, porém, a escola francesa não vale nada desde o declínio de Alfred Cortot. Depois do anúncio dos resultados, o presidente da República Juscelino Kubitschek sobe no palco do Theatro Municipal e promete uma bolsa a cada um dos três premiados brasileiros para que eles possam estudar no exterior.

O concurso do Rio é uma virada na vida de Nelson Freire. Como Lucia Branco previra, tratava-se de um grande desafio. Mas ela não imaginava que ele o enfrentaria tão bem. Além de resistir à pressão, ele tem o estofo de um campeão. No confronto com os outros candidatos, ele amadurece – e descobre inclusive novas obras. As sonatas de Chopin, cuja existência desconhecia. A *Rapsódia sobre um tema de Paganini*, de Rachmaninoff. Sem falar do grandioso *Concerto n. 2* de Brahms.

Aureolado pelo sucesso, Nelson é convidado a gravar seu primeiro disco. Ele escolhe um programa exclusivamente dedicado a Chopin. Acompanhado pelos pais, vai a um estúdio em Ipanema. Um piano de um quarto de cauda, marrom-claro e de aparência vetusta o espera. Os pedais fazem barulho – felizmente o instrumento acaba de ser afinado. Ele toca a *Valsa em mi menor*, opus póstuma, e o *Scherzo n. 1*, aprendido em apenas dez dias para o concurso. Também quer gravar o *Estudo op. 25 n. 10* "para as oitavas", que o fascina. Mas Nise não concorda: "Espere que sua mão cresça um pouco, é cedo demais".

Se há uma coisa sobre a qual as duas mamães-piano concordam é que o pintinho precisa deixar o ninho brasileiro. A bolsa é providencial. De todo modo, Nise estava casada e seu marido a proibia de dar aulas. Lucia Branco decide cortar o cordão umbilical. Tendo feito seu melhor, ela solta uma enorme baforada de fumaça para o teto e exclama um "Saia daqui!" fulminante. Não há o que discutir. Viajar, está bem. Mas para onde? Nova York? Paris? Londres? Nelson pensa em Moscou. A escola russa o fascina. Ele quer beber na mesma fonte dos grandes virtuoses com algo a mais, como Horowitz, Sofronitzki, Ginzburg, Feinberg... Mas como atravessar a Cortina de Ferro? E como viver lá tão jovem?

Ele leva dois anos para se decidir. É o tempo de estudar um bom número de concertos. Ele aprende doze, de cor: o *Concerto n. 2* de Brahms, para Nise o maior, os concertos de

Schumann, Liszt, Beethoven, Grieg, Mozart... Junto com o *Jeunehomme* e o *Imperador*, seu repertório chega a catorze obras sinfônicas. Ele toca várias sonatas de Beethoven, dentre as quais o opus 110 (ideia de Nise) e a "Waldstein", os *Estudos sinfônicos* de Schumann, a *Sonata n. 3* de Brahms, os *Prelúdios* de Chopin... Aos catorze anos, seu repertório já é considerável.

Até que o destino bate à sua porta. Bruno Seidlhofer viaja ao Rio de Janeiro para ministrar master classes. Ele é um dos pilares da Academia de Música de Viena. Foi próximo de Alban Berg e de Arnold Schönberg. Poucos sabem que transcreveu *A arte da fuga* de Bach para quatro mãos. O pianista brasileiro Jacques Klein estuda com ele, o que o ajuda a ganhar o concurso de Genebra e, depois disso, a ter uma bela carreira. Mas Seidlhofer é acima de tudo o professor de Friedrich Gulda – também vencedor (aos dezesseis anos!) do concurso de Genebra. Gulda fascina os pianistas do mundo todo, sobretudo na América do Sul. Se a geração do pré-guerra venerou Arthur Rubinstein por seu Chopin depurado, sem as afetações comuns à época, a geração do pós-guerra só quer saber do vienense Gulda, que desvela a modernidade das sonatas de Beethoven num pianismo sem concessões.

Grande amiga de Nelson Freire, pianista e psicanalista (René Martin lhe confiará a coorganização da Folle Journée brasileira em 2007), Helena Floresta de Miranda assistira com paixão a todos os concertos de Gulda no Rio em 1954. Quando o pianista austríaco Hans Graf (aluno de Seidlhofer) a convida para estudar em Viena, ela responde "Sim!". Não pensa duas vezes. Viver na mesma cidade de Gulda! Respirar o mesmo ar que ele. Isso mostra o poder de Gulda sobre as jovens musicistas (uma certa Argerich também sucumbiu), o prestígio de Seidlhofer (o "professor de Deus") e o fascínio por Viena nos anos 1950.

Nelson não é tão "guldáfilo" quanto suas colegas latino-americanas, mas Viena continua sendo a capital da música. Ele descobre Brahms com entusiasmo. Nise começa a fazê-lo estudar o *Concerto n. 2 em si bemol maior,* "o maior de todos os concertos", segundo ela. Nelson gostaria de seguir os passos de Brahms. Assim, se inscreve na master class de Bruno Seidlhofer e toca o concerto inteiro. O professor fica impressionado e o convida para estudar em Viena.

É comum na época os músicos irem para a Europa se aperfeiçoar. De maneira mais oficial, Helena Floresta viajara com um grupo de dez pessoas escolhidas por Hans Graf. As aulas acontecem na Academia de Música de Viena. A mulher de Graf, a brasileira Carmen Vitis Adnet, supervisiona as atividades. O caso de Nelson é diferente. Ele é mais jovem e está sozinho. É muito talentoso e já famoso em seu país, mas imaturo e tímido. Seidlhofer se empolga e promete aulas particulares em sua casa – ou seja, "off-road".

Depois de tantos cuidados e atenções, José e Augusta Freire de repente abrem a gaiola do passarinho. Um vento de liberdade sopra no país. Depois das repúblicas oligárquicas e do período nacionalista, e antes da ditadura militar de 1964, o Brasil vive um parêntese democrático.

Nelson não tem a sorte de Martha Argerich, que viaja para a Europa com os pais, pois Juan Perón consegue para eles cargos na embaixada da Argentina em Viena. O jovem presidente Kubitschek (social-democrata e natural de Minas Gerais) sem dúvida teria encontrado uma solução similar se tivesse sido consultado, mas os Freire não o fazem. Em que estado de candura e inocência estão eles, apesar de todo seu senso de responsabilidade, para deixar o filho viajar sozinho para o outro lado do mundo? Além disso, Seidlhofer não tem perfil de pai coruja.

O garoto selvagem será catapultado a milhares de quilômetros de distância dos pais e dos amigos. Telefonar custa uma fortuna, o correio leva semanas para chegar. Será uma verdadeira aventura! Antes da partida, eles se abraçam a não mais poder. O valente "Ulisses" dá inclusive um recital de despedida, como exige a tradição. No programa: "Jesus alegria dos homens", de Bach-Hess, "Komm Gott Schöpfer...", de Bach-Busoni, a *Sonata op. 110* de Beethoven. Depois, a *Sonata n. 3* de Brahms. Por fim, os *Três estudos em forma de sonatina*, de Lorenzo Fernández, *Children's Corner*, de Debussy, *Islamey*, de Balakirev (obra considerada a mais virtuosística de todo o repertório). Nada menos que onze bis, o mesmo número de jogadores de um time de futebol. O recital é dividido em três partes, como os recitais dos grandes mestres da época. Nelson sentirá saudades desses longos programas tripartidos, ao mesmo tempo variados e bem-estruturados.

As coisas se sucedem rapidamente. Com a maleta embaixo do braço, Nelson se vê a bordo do mesmo barco de Bruno Seidlhofer. Catorze dias de travessia rumo a Gênova numa companhia italiana. A pedido do capitão, ele toca o piano do salão principal e faz um grande sucesso junto aos passageiros. O professor e o aluno chegam a Viena de trem no início de outubro de 1959. Já faz frio. O tempo está cinzento. Na véspera da chegada, o professor Hans Graf e a esposa reúnem os alunos brasileiros da Academia: "Vocês precisam cuidar do novo colega e ser gentis com ele". Nelson chega cheio de presentes e provisões enviadas pelos pais dos jovens exilados.

Helena Floresta o toma sob sua proteção. Por coincidência, a mãe de Helena mora na frente da casa dos Freire em Ipanema. "O principal encanto do apartamento é estar localizado na rua de Nelson Freire", Helena costuma dizer. Mas a jovem nem sempre está disponível. Uma semana depois de chegar, Nelson comemora seu aniversário sozinho. É domingo na altiva e imperial Viena. Nas grandes avenidas desertas do Ring, um rapazinho caminha tristemente. Ele entra num café e se senta a uma mesa. Pede a torta menos cara do cardápio (a bolsa de estudos ainda não chegou) e come enquanto lágrimas lhe escorrem pelo rosto. Está fazendo quinze anos. Seidlhofer está muito ocupado. Não tem tempo de cuidar do menino fora das aulas de piano. A época das grandes reuniões familiares em Boa Esperança passou.

Tem início uma vida de boemia na Viena do pós-guerra, que está longe de ser uma cidade radiante e divertida. Com medo de ficar sozinho, Nelson passa as noites em cafés, até eles fecharem. Assim que o dinheiro prometido pelo governo brasileiro chega à embaixada, ele começa a jantar em restaurantes e a andar de táxi. Também sai em busca de um quarto para alugar. Não é difícil encontrar moradia, pois os anúncios são numerosos, mas ele nunca consegue ficar, sempre é dispensado depois de dois ou três dias. Seja porque faz barulho demais e os outros querem dormir, seja porque fuma e os outros têm medo de incêndio, seja porque deixou a torneira aberta ou esqueceu de fechar a janela, enfim, sempre há algo de errado. Ele é o pesadelo das *Hausfrauen* [donas de casa] que, umas depois das outras, o colocam na rua. Além disso, o racismo vienense da época está longe de ser uma fábula. Ele é visto como um negrinho vindo da selva. Entre os habitantes recém-saídos da época nazista, marcada por privações, e um garoto do interior que vive quase sem roupa, à beira do mar, em outro hemisfério, o choque de cultura não é pequeno. E que garoto! Para a pianista Gilda Oswaldo Cruz, Nelson é um adolescente totalmente indisciplinado. Um bebezão sem modos que parece não ter recebido uma boa educação. Ele cospe no chão, mal cumprimenta as pessoas, raramente deixa as senhoras passarem à sua frente, cai na gargalhada sem motivo aparente, vive no próprio mundo e só faz o que quer.

Depois de um mês e de quinze endereços diferentes, ele finalmente se instala na casa de uma velha condessa excêntrica e míope. Como tudo parece bem, ele leva para casa, escondido, um hamster para lhe fazer companhia. Um dia, a condessa entra no quarto dele e, apesar da vista ruim, enxerga o pequeno animal em cima da cama. Ela exclama: "Venha já comigo!". Nelson teme pelo pior. Ele imagina um sermão seguido de uma expulsão imediata. Na sala, qual não é sua surpresa ao descobrir uma imensa gaiola cheia de hamsters brancos, beges e tigrados. Com um sorriso malicioso, a condessa lhe pergunta: "Talvez ele fique melhor aqui, não?".

Nelson se dedica pouco às aulas. A relação com Seidlhofer não é forte o suficiente para incentivá-lo a se aperfeiçoar. "Não aproveitei meu tempo de estudos com ele", lamentará mais tarde. Nise não está mais a seu lado para orientá-lo com carinho e autoridade. Ele é jovem demais, perturbado demais e *estranho* demais para se disciplinar. Mas será que ele é tão "estranho" quanto afirma ser? "Nem um pouco", afirma a amiga Helena, "que exagero! Ele só era tímido. Precisava de intimidade e de sentimentos verdadeiros. Sem isso, não se podia tirar nada dele". É isso que a mente estreita de nossas capitais costuma classificar como *estranho*. Uma fotografia nos mostra Nelson ao lado de seu professor. O brasileiro ri às gargalhadas. Ele tem algo de animal. De muito puro. De mais maduro que sua idade. E, ao mesmo tempo, de frágil. Ele é muito bonito. Incrivelmente natural. O vienense olha fixo para ele, com um cigarro na mão. Fascinado. Um de seus olhos parece querer rir com o garoto selvagem, por contágio; o outro está arregalado, assustado, quase escandalizado com aquela total entrega da mente ao corpo. A neurose obsessiva e o autodesprezo do país de Thomas Bernhard apaixonados pelo pensamento mágico do continente de Gabriel García Márquez a ponto de sufocar.

Helena, por sua vez, se sente no paraíso em Viena. Ela vai a concertos todas as noites. Graças aos *Stehplätze* – lugares baratos em pé, reservados aos estudantes –, assiste à tetralogia de Wagner regida por Karajan. Nelson só se interessa pelo piano. Às vezes, está deprimido demais para ir a concertos. A solidão é um peso. Ele detesta Viena e os vienenses. Passa todo o seu tempo em cafés, convida os amigos para acompanhá-lo e paga a conta com o dinheiro da bolsa, recebido todo de uma vez e escondido em seu quarto. Uma sorte ele nunca ter sido roubado ou enganado!

Ele gosta de visitar Helena. Ela mora num suntuoso apartamento mobiliado e com três pianos, que aluga sozinha. Nelson toca tudo o que lhe cai nas mãos, para grande alegria de sua amiga, que o ouve com adoração. Depois, os dois passeiam e riem como loucos. Quando chega a hora da despedida, Nelson suplica a Helena que não o abandone. Ele teme ficar sozinho. Como imaginar o dilaceramento interno do garoto mimado pelos familiares que precisa viver sem vê-los e sem nem mesmo ouvir o som de suas vozes por dois longos anos? As cartas só chegam duas vezes por semana e passam por Lisboa depois de uma lenta travessia do oceano. O pianista adquire uma expressão de desespero que fará sua amiga dizer, mais tarde e de brincadeira: "Nelson, não faça sua cara vienense!".

As aulas com Bruno Seidlhofer marcam o ritmo da vida do jovem rapaz. Helena Floresta, que aprendera alemão, lhe serve de intérprete. Papel ingrato, que ela cumpre com abnegação: "Ele preparou os três prelúdios e fugas de Bach e os três estudos de Chopin que lhe dei para estudar?", pergunta o professor. Helena engole em seco e retorce as mãos: "Não, maestro, mas ele quer tocar o *Concerto n. 3* de Rachmaninoff, que acabou de aprender. O senhor quer ouvi-lo?". Bruno Seidlhofer empalidece e quase mata a mensageira, que cora de constrangimento: "Não é assim que se faz. Não estou acostumado com gente zombando de mim".

Enquanto isso, Nelson espera que a tempestade passe, sentado tranquilamente ao piano. Depois de descarregar sua bile na pobre tradutora, o velho professor, tomado pela curiosidade, aceita ouvi-lo. À espera daquele momento, o adolescente começa a tocar o concerto. E então, recorda Helena, "ainda vejo o rosto de Seidlhofer aos poucos se distendendo e seus olhos adquirindo uma expressão de total maravilhamento". Mas a música de Rachmaninoff não é a preferida do altivo vienense. Tampouco a de Liszt. Ele diz a Nelson que a única coisa de que gosta na *Sonata em si menor* é o início do movimento lento. Ou seja, o que vem direto do *Opus 90* de Beethoven. Como o jovem Brahms, ele facilmente pegaria no sono ao ouvir essa obra.

Na próxima aula, a conversa se repete: "Ele está pronto?", pergunta Seidlhofer. "Ele não quer." "Como assim, não quer?" Seidlhofer engasga e enche a pobre Helena de insultos sibilantes. Trazer aquele delinquente tinha sido um erro. Ela sabia o número de pedidos de aulas que ele era obrigado a recusar todos os dias? O pequeno sacripanta estava arruinando suas próprias chances. Depois desse preâmbulo, como se estivesse esperando aquele momento, as mãos do jovem rapaz galopam com rédea solta pelo teclado do Bösendorfer sob o olhar cativado e arrebatado do professor. Mais tarde, ele dirá: "Conheci três fenômenos em minha vida. Com Friedrich Gulda, tudo passava pela cabeça, com Martha Argerich, pelas mãos, e com Nelson Freire, pelo coração". Um julgamento pouco favorável a Martha, que é quem Seidlhofer menos conhece dos três. Pessoalmente, eu diria: Gulda pela cabeça, Nelson pelo coração e Martha ninguém sabe. Mas que mãos! É verdade que são especiais.

Certa vez, contra todas as expectativas, Nelson aceita preparar os prelúdios e fugas pedidos pelo professor. Helena assiste ao estudo. Ela adora vê-lo decifrar uma partitura. Sua leitura, desde o início, é musical e cheia de sentido. Uma passagem do *Prelúdio em ré sustenido menor*, do segundo livro, o faz chorar de rir. Para ele, o segundo tema é cômico. Helena é contagiada por sua risada. Na aula com Seidlhofer, Nelson toca o famoso prelúdio. Seus olhos se apertam, Helena morde os lábios. E eles explodem numa gargalhada sem fim. Estupefato, Seidlhofer pergunta: "Mas o que há de engraçado? Um pouco de respeito pela música de *Barrr*!". Quanto mais ele se irrita, mais os dois brasileiros choram de rir.

    Embora vá pouco a concertos, Nelson ouve muitas gravações durante os anos vienenses. O primeiro disco que ele compra (com o dinheiro da bolsa) é o *Concerto n. 4* de Beethoven, com Guiomar Novaes. Ele já conhece a versão regida por Swarowsky e encontra a regida por Klemperer. "Um outro mundo!" A cadência virtuosística de Saint-Saëns o fascina. Ele a adota na mesma hora, como tudo o que vem de Guiomar... Ele escreve para ela. E logo recebe uma resposta, datada de 16 de setembro de 1959: "Ao querido Nelson, com os mais sinceros votos de completa felicidade e uma grande carreira". A felicidade antes da carreira. Guiomar é muito brasileira! Nas lojas de discos, o jovem também encontra Alfred Cortot, Wilhelm Backhaus, Moiseiwitsch, Friedman, o *Concerto n. 1* de Brahms com Arthur Rubinstein. Deparando-se com as gravações de Rachmaninoff, ele não se cansará de imitar seu jeito de tocar. Para grande aflição de Seidlhofer! Um dia, Nelson toca para ele o *Carnaval* de Schumann à maneira romântica e operística do russo. "Você está um tanto longe de Guiomar Novaes", ralha o professor. Após alguns saltos com aterrissagem mal controlada, o vienense solta um assobio e diz: "As notas erradas também vêm de Rachmaninoff?".

    A relação com Seidlhofer é sempre um pouco encrespada. Para entrar na mente de Nelson, primeiro é preciso ganhar seu coração. Mesmo assim, o brasileiro estuda a *Sonata n. 2* de Brahms com ele, a *Sonata op. 111* de Beethoven (ele quase nunca a tocará, até o disco Beethoven de 2014) e o *Carnaval* de Schumann.

"Odiei Viena", Nelson dirá mais tarde, "sua frieza, seu conformismo. Hoje, é uma das minhas cidades preferidas. Cada esquina me lembra de uma história, nem sempre alegre, mas transformada em lembrança feliz...". Chopin diz a mesma coisa de Paris e dos franceses quando vai para Londres. Longe da família, Nelson também descobre a liberdade sexual. Os encontros nos jardins, os abraços nos trens. "Quando o prazer bate à porta, deixe-o entrar pela janela", disse Cocteau. O surgimento da internet lhe devolverá, por contraste, a nostalgia dos beijos roubados e remotos.

Quando Helena não está com Nelson, Gilda Oswaldo Cruz o acompanha. Sem o apoio da família, ela precisa trabalhar para pagar os estudos – por exemplo, montando um programa sobre Marcel Proust para a televisão brasileira. Depois, ela vai para Viena com o pequeno grupo de alunos recebidos por Hans Graf. Um emprego na embaixada do Brasil em Viena lhe permite pagar as contas. No início, ela vê em Nelson um bebezão espaçoso e insuportável. Ele só fala da professora Nise Obino. Numa pasta preta que leva para cima e para baixo, até para a Staatsoper, Nelson mantém ao alcance da mão o que tem de mais precioso: programas de concertos (sobretudo de Nise), fotografias (principalmente de Nise), cartas (muitas de Nise), pastilhas para a garganta, lenços, cigarros. Ele sabe tudo de Nise. De cor e com o coração. Gilda se diverte provocando-o: "Mas quem é essa tal de Nise Obino?". A cada vez, Nelson a descreve em detalhe, sem perceber que se trata de gozação.

Certa noite, Maritza Jenner (mulher do vencedor do concurso do Rio) convida o grupo de brasileiros para ir à sua casa.

Ela pede a Nelson que se sente ao piano. Sem se fazer de rogado, ele toca a *Sonata n. 3* de Brahms. Os presentes ficam hipnotizados. Então aquele fantoche desarticulado e sem fios é um gênio que toca como um mestre. Tanta maturidade, equilíbrio, beleza e estilo atordoam os pianistas presentes naquela noite. A partir daquele momento, ninguém olhará do mesmo jeito para o estranho de Minas Gerais.

Depois da partida de Helena Floresta, Gilda Oswaldo Cruz assume os cuidados com Nelson. Eles vão a concertos com frequência. Quando Annie Fischer toca o *Concerto n. 3* de Bartók, ele fica enlouquecido e só quer saber de Bartók. Compra discos, que ouve sem parar, e partituras. Às vezes, Gilda vai com ele ao cinema. Nelson gosta especialmente do Rondell Kino, que projeta filmes B em que o importante é a história, apenas a história. Cada poltrona está equipada com uma mesinha com um cinzeiro e um espaço para colocar a bebida. Como eles falam e riem muito alto, costumam ser colocados para fora. Mesma coisa no restaurante. O maître os põe na rua assim que o volume sonoro da conversa ultrapassa o patamar de tolerância dos vienenses, ou seja, um cochicho indistinto com o verbo no fim.

Além da música, Nelson é apaixonado por comida. Ter conhecido a fome na infância o deixou com uma carência constante. Para descrever uma festa, ele começa explicando o que comeu com uma riqueza de detalhes incrível. Um dia, sua amiga Gilda o vê partir para Veneza, de trem, com um amigo. Alguns dias depois, ela o reencontra sozinho, sujo, com a mesma camisa da partida. Do que ele mais gostou em suas caminhadas pela cidade dos Doges? Seus olhos se iluminam: "De um prato com camarões extraordinários!".

Várias vezes, depois das aulas na Academia, Gilda almoça com Nelson na casa da condessa excêntrica. O apartamento inteiro está decorado com cabeças de animais empalhados, pois o conde era louco por safáris africanos. A velha cozinheira conhece todos os gostos do brasileiro e prepara seus pratos preferidos. Depois da refeição, Gilda e Nelson tocam a quatro mãos, para grande alegria da condessa e de sua criada. Depois eles ouvem discos. Uma noite, Nelson é convidado a dar um concerto na Academia de Viena. Todos os amigos brasileiros comparecem. Muitos pianistas, melômanos vienenses, professores. Ele toca a *Sonata em fá sustenido maior "Para Thérèse"*. O público fica fascinado. A voz grossa da cozinheira da condessa se sobrepõe à de todos: "Bravo, Herr Nelson!".

Quando Nelson come na casa de Helena Floresta, ela lhe prepara um omelete especial com tudo de que ele gosta. Os ingredientes são heteróclitos: queijo, banana, carne... Ele acompanha a preparação com grande atenção. Ai dela se as proporções não forem respeitadas ou se faltar algum ingrediente. Depois, eles tocam quartetos de Haydn ou sinfonias de Beethoven.

Quando não simpatiza com alguém, Nelson não abre a boca e mal responde, ou o faz de maneira quase hostil. Mas, quando confia em seu interlocutor, ele é loquaz, engraçado, inteligente. Seu senso de observação é rico, seu vocabulário é preciso, suas descrições são exatas e justas. Em três frases, é capaz de esboçar o retrato penetrante de uma pessoa com quem acaba de cruzar ou de um país visitado rapidamente. Suas cartas são apaixonantes, cheias de reflexões divertidas, borbulhantes de malícia. Lembram as de Mozart ou Chopin...

Um dia, Gilda viaja para a Itália de carona com amigas.

Nelson as acompanha, mas é uma sombra de si mesmo. Ele tivera o coração violentamente partido por um jovem agente comercial polonês que voltara para seu país. A dor o submerge e sufoca. Nada o interessa. Nem a catedral de Milão, nem o Coliseu de Roma. Ele arrasta sua melancolia como um fardo que esmaga seu coração e escurece seu olhar. Gilda nunca tinha visto uma capacidade tão grande de sofrer. O sofrimento o dilacera vivamente. Ela pensa em Marcel Proust. Sim, mesmo tipo de sensibilidade à flor da pele, de fragilidade nervosa e bondade.

Os amigos se separam em Roma. Quando Gilda volta para Viena, assim que ela entra em seu apartamento a campainha do telefone rasga seus tímpanos. Ela tem certeza de que o amigo lhe telefona há horas, de que ele se sente abandonado. Cansada demais para atender, ela deixa o telefone tocar. Hoje, ela se culpa... Os pais de Nelson escrevem para Gilda: "Não temos notícias, como ele está?". Gilda mente: está muito feliz. Sim, estudando bastante. De fato, Seidlhofer está muito contente com ele.

Nelson é muito talentoso para copiar as características de uns e outros. Ele imita Bruno Seidlhofer com perfeição. Assim como imitava seu pajem, quando criança. Para falar do filme *Doze homens e uma sentença*, por exemplo, ele diz "*Zwölf wütende Männer*" num tom solene que os colegas reconhecem e do qual riem. Chopin tinha esse mesmo talento: ele sabia reproduzir as atitudes de todos os amigos e professores, bem como o jeito de tocar de Liszt ou o estilo de Bellini. Nelson tira o talento para a imitação de sua sede de fusão. Ele toca como Guiomar, escreve como Lucia Branco (mesma caligrafia), fala como Nise... Logo encontrará um novo modelo, uma nova musa, um novo *molde* para seu paletó de bolsos furados.[9]

Martha

Não sabemos ao certo como eles se conheceram. As versões variam. Seus próprios testemunhos diferem. Digamos que não há uma única verdade, mas várias, que flertam umas com as outras.

Um dia, Nelson está tomando um café no refeitório da Academia de Viena com Helena. No outro canto da sala, gritos, risadas, muita agitação. No centro do grupo, uma pianista já famosa. Ela vem de Buenos Aires. Seu nome: Martha Argerich. Ela é a única aluna de Friedrich Gulda, que detesta a ideia de dar aulas, a única que ele aceitou ensinar. Para estudar com esse adorador de Mozart (Gulda chega a morrer no dia de nascimento de Mozart, 27 de janeiro), ela se muda para Viena com a família. Seu pai e seu irmão logo voltam para a Argentina, sua mãe fica na Europa. Ela se torna uma lenda ao vencer o concurso de Genebra e o concurso Busoni, em Bolzano, aos dezesseis anos. Vive na Suíça e passa seu tempo fugindo da mãe. Só pensa em cancelar concertos. Os que a ouvem tocar falam a seu respeito como se tivessem visto um *Daïmôn*, mas ela não está satisfeita consigo mesma.

Ao vê-la no meio de um séquito de admiradores, Nelson a acha feia. "Feia? Está maluco, é uma beldade", diz sua amiga

---

9. Alusão ao poema "Ma Bohème", de Arthur Rimbaud, em que o poeta fala dos bolsos furados (poches crevées) de seu paletó. (N.T.)

Helena. Embora míope, Martha repara no garoto estranho de cabelos crespos, olhos amendoados e longos cílios femininos. As duas feras limitam-se a se espreitar.

Na segunda vez, uma pianista argentina, Anery Aste, convida Gilda e Nelson para uma festa na embaixada da Áustria em homenagem a Martha. Em plena fase de birra com o piano, Martha está de unhas compridas e pintadas. Ao chegar, Nelson sente uma furiosa vontade de fumar. Martha lhe estende um cigarro e pega outro com os lábios. Juanita Argerich aparece, como saindo de uma caixa-surpresa: "Você deveria tocar alguma coisa". Por incrível que pareça, Martha se aproxima do Bösendorfer, corta as unhas rindo e começa a *Partita em dó menor n. 2* de Bach. Silêncio absoluto na sala. Sua interpretação potente, calorosa e colorida acorda o piano. Uma aurora austral dança no céu de Viena e ilumina o mundo. Nelson fica eletrizado. Aquilo está muito além do que ele imaginava. Ele não perde uma migalha. A que comparar seu choque? James Dean descobrindo que Marlon Brando monopoliza a câmera. Ele olha para os dedos dela, se deixa invadir por aquele titânico influxo nervoso e absorve tudo. Em poucos minutos, Nelson sabe tudo sobre Martha, sem que nenhuma palavra tenha sido trocada.

A argentina e o brasileiro se reencontram alguns dias depois. Tem início uma das mais extraordinárias amizades que o mundo da música já viu. Ele tem quinze anos, ela, dezoito. Com seus cabelos desordenados, o ar blasé e as roupas pretas, ela parece muito Nouvelle Vague. Ela está em busca de seus semelhantes. Os raros eleitos do Céu que têm um talento natural. E os dons do garoto têm o poder de atraí-la. Não se trata de uma questão de técnica. Nesse nível, é impossível separar virtuosismo, sensualidade e espiritualidade. Ele tem... *"the real thing"*, segundo suas próprias palavras. *A coisa de verdade.* Ela sente isso com todo o seu ser. Ele, por sua vez, se apaixona à sua maneira casta, fusional e terna. O mal-estar dos dois também os aproxima. Nelson detesta Viena. E, quando perguntam o que ela faz, Martha responde: "Sofro".

Depois da mãe, da irmã Nelma, de Nise, agora ele tem Martha. Desde a mais tenra idade, Nelson sabe que a melhor maneira de ser amado é se sentar ao piano. Não o piano pelo piano, mas o piano pelo amor. Ele também sabe que lhe falta o que Martha tem em profusão. Um magnetismo solar. Seus talentos se equivalem, mas ela tem o poder de atrair a luz com sua personalidade. Ele não tem tanto carisma, mas esconde um coração muito puro. É preciso tempo, muita intuição e sutileza para descobri-lo. Martha o sente de imediato. Com a carreira, eles não se preocupam nem um pouco. Os dois fogem do mundo, mas a maneira dela de fugir do mundo atrai o mundo.

Nelson fica imantado por Martha. Copia seus gestos, suas atitudes, compra uma grande bolsa como a dela. As garotas sempre têm milhares de coisas para levar na bolsa, batom, livros, cigarros, cartas, chaves. Ele só tem partituras, mas, mesmo assim, a enche de coisas, menos de dinheiro, que nenhum dos dois tem. Nelson a devora com os olhos, entra dentro dela, compreende tudo dela. Com ele, Martha revela-se transparente. Ela também adora entrar numa personalidade. Mas o faz por curiosidade, de maneira não exclusiva, múltipla, de brincadeira. Ele, por sua vez, fala como ela, toca como ela, escreve como ela. Martha tem medo disso? "Não", ela diz hoje com provocação, "pouca coisa me dá medo". Mas a relação provavelmente a inquieta um pouco, tanto quanto a intriga, atrai e excita.

 O destino se diverte em reuni-los num dia de julho de 1960 na plataforma de uma estação, em algum lugar da Alemanha. Martha é míope e não o vê. Nelson a avista e caminha até ela. Uma grande mecha vermelha tinge seus cabelos. Ela vem de Berna e ele de Viena. Eles viajam para o mesmo lugar. Nelson vai ver seu professor, Bruno Seidlhofer, que está dando um curso de verão num castelo em Brühl, entre Bonn e Colônia. Ela está usando, justamente, a famosa água-de-colônia 4711. Ele reconhece o aroma. Quem tem bom ouvido também tem bom nariz. Martha está indo tocar o programa de seu primeiro disco pela Deutsche Grammophon para Bruno Seidlhofer, talvez aconselhada por Friedrich Gulda. Ela em breve irá a Hannover para gravar. Eles decidem ficar juntos. Como Nelson preparou um concerto para seu professor, Martha toca a parte de orquestra no segundo piano. De acordo com a memória de Nelson, eles tocaram o *Concerto* de Schumann. Ela acha que foi o *Concerto em fá menor* de Chopin. Uma coisa é certa: o estupor dos alunos que a veem chegar. E a diversão mesclada de orgulho de Nelson. Seria como Liz Taylor aceitar passar o texto num ensaio de Kirk Douglas ainda desconhecido. De resto, Nelson tem o mesmo furinho no queixo...

 Bruno Seidlhofer está vindo de Varsóvia. Estava no júri do concurso Chopin que acabara de sagrar um certo Maurizio Pollini. Arthur Rubinstein tocara no tradicional concerto de abertura. "Como foi?", pergunta um aluno. "Escolar", responde o professor. Uma palavra dura que não se aplica nem à maneira de tocar de Nelson, nem à de Martha. O concerto de "Schu-pin" ou "Cho-mann" que eles tocam encanta Seidlhofer e espanta os vinte pianistas presentes na sala. Martha, por sua vez, fica fascinada com o pianismo de Nelson. Seus ouvidos zumbem, sem ventre fica imantado. Ela sentira um choque como aquele com Bruno Leonardo Gelber, em Buenos Aires. Depois com Maurizio Pollini, em Genebra. Nelson Freire é o terceiro. Mais tarde, haveria Pogorelich e Kissin. Não muitos outros.

Eles não conseguem se desgrudar. Passeiam pela cidade de mãos dadas. Não é nem físico nem mental, nem coração nem espírito. É mais misterioso. Um irmão? Mais que um irmão. Um amigo? Mais que um amigo. Um amante? Não... Um bebê? Sim, há algo disso. *Seu* bebê. Ela quer protegê-lo. A comunicação entre eles vai além das palavras. Ele sente tudo dela, ela sente tudo dele. Nelson só viverá essa fusão com mulheres.

Ao piano, eles tocam alternadamente. Nunca juntos. Como se uma explosão cósmica e temporal corresse o risco de ameaçar o planeta. Os dois são como esponjas. Martha toca como Gulda, Nelson, como Guiomar. De repente, eles entram numa galeria de espelhos e começam a tocar igual. Percebem e riem alto. Aquele é um jogo perigoso, mas é impossível resistir àquela atração musical. Ela viaja para Hannover, ele a acompanha.

Em poucas horas, ela conclui sua primeiríssima gravação comercial, que compreende *Jeux d'eau* de Ravel, a *Tocata* de Prokofiev, o *Scherzo n. 3* e a *Barcarola* de Chopin, a *Rapsódia húngara n. 6* de Liszt, as *Rapsódias op. 79* de Brahms. Estas últimas a conselho de Nelson, aprendidas em algumas horas. Ela ensaia o programa num estúdio. Nelson toca as mesmas obras em outro. Ouvindo-os atrás das portas, os técnicos ficam atordoados. As duas maneiras de tocar são absolutamente idênticas. Suas técnicas, porém, são muito diferentes. Martha parece amassar um pão com graça e curiosidade, Nelson parece descascar uma banana com zelo e apetite.

Nas *Rapsódias*, Martha esbarra em algo. E não avança. O problema é psicológico, mais que técnico: Brahms nunca foi seu compositor preferido. Do alto de seus quinze anos, Nelson lhe sussurra uma solução. Depois de beber dezenas de xícaras de café e fumar cigarro após cigarro, Martha diz ao engenheiro de som: "Vou tocar três vezes. Você escolhe a melhor". Três é seu número mágico. Mas ela diz a Nelson: "Se não for suficiente, toque no meu lugar. Ninguém vai perceber". E eles caem na gargalhada. Em meio turno de trabalho, o disco está gravado. Hoje, apesar da imensa saudade, Martha lembra-se acima de tudo dos ataques de riso dos dois, que surgiam do nada. Em qualquer lugar. No elevador, no café, na rua, ao piano. Por causa de alguém que se leva a sério demais. Da inocência de uma palavra ouvida ao acaso. De uma careta. De um gesto. O mundo é uma grande brincadeira para os que sabem observá-lo.

Um dia, Nelson acompanha uma cantora. As contorções da mulher... sua vontade de parecer grande coisa... suas mímicas... Um riso incontrolável o toma. Outra vez, será no Japão, tocando com Martha. No *Rondó em lá maior* de Schubert, ela erra e encara o amigo com ar de censura. Ele morde os lábios para não rir. Mais tarde, as mãos dos dois se aproximam e o dedo mínimo de Martha se agarra de propósito ao dedo mínimo do amigo. Uma necessidade incontrolável de rir o invade, mas ele disfarça com um ataque de tosse. Martha tocará o tema desse Rondó, intitulado *Nossa amizade é invariável*, alguns dias antes da morte do velho amigo como um juramento de amizade imortal.

Como Nelson não tem a menor vontade de voltar para Viena, acompanha Martha até Berna. Viagem de trem. Segunda classe. Martha divide apartamento com Martin Tiempo, adido cultural da embaixada da Argentina na Suíça, que vive com o irmão – que eles chamam de "o monstro" – num alojamento funcional.

Martin é o único que tem dinheiro. Uma parte é utilizada para alimentar sua paixão pela fotografia. O restante paga as contas da casa para quatro pessoas. Ele também tem talento para o desenho e faz caricaturas divertidas. Mais tarde, Martin Tiempo se casará com uma pianista venezuelana, Lyl Tiempo, professora renomada, e eles terão um filho, Sergio Tiempo, pianista brilhante. Martha morará ao lado deles em Bruxelas.

Por enquanto, Martin é um jovem sedutor, fanático por jazz. Ele apresenta Eroll Garner e Ella Fitzgerald a Martha e Nelson. Eles ouvem música até a madrugada. Às vezes, a polícia bate à porta. Ao nascer do dia, Martha e Nelson escutam o *Concerto n. 2* de Brahms, com Horowitz e Toscanini. Eles tocam a parte do piano nos joelhos.

O apartamento só tem três camas, então, eles tiram a sorte para saber quem dormirá com quem. Martin e Martha são amantes quando o acaso permite. Ninguém quer dormir com Nelson: ele parece uma chaleira, respira como uma caldeira a óleo. Nelson fica um pouco ofendido. Todos riem.

Às vezes aparece um violinista romeno, um violoncelista russo, um músico cigano. Segundo Martin, Nelson passa o dia todo ao piano, um velho Érard. Segundo Martha, não. Talvez ele não toque quando ela está em casa. Ou melhor, talvez ele comece a tocar quando ela sai. Talvez ela prefira achar que ele é como ela.

Os amigos se encontram no Mövenpick para as refeições. Nelson é muito guloso. E até glutão. Um dia, ele pede uma enorme taça Colibri cheia de creme chantili, depois um *club sandwich* e mais outra Colibri gigantesca. Quando Martha dá um concerto, traz dinheiro para a comunidade. Nelson toca com menos frequência. Depois do recital com a cantora que o deixou com o riso frouxo, ele consegue pagar o jantar para todos.

Quando a bolsa do governo acaba, ao final de dois anos, Nelson está morando em Genebra com Martha. Como sempre, amigos, pianistas, passam pela casa o dia todo. Ele faz aulas com Nikita Magaloff, mas, por falta de faísca, a experiência não prospera. "Qual seu segredo?", um jornalista um dia pergunta ao príncipe dos pianistas russos, que está com idade avançada. Com seu sotaque carregado e seu francês gutural, ele responde: "É simples. Sou todo mole". Martha adora imitá-lo. Ela o faz muito bem.

Nelson está com dezessete anos e ninguém é sério com essa idade. Como sabemos, Martha decide encerrar sua carreira. Ela recusa todos os convites para tocar. Juanita Argerich decide que a brincadeira acabou e ameaça Martin Tiempo com uma denúncia à polícia de costumes (Martha ainda é menor de idade), Nelson com uma carta ao presidente brasileiro para retirar sua bolsa (que já acabou) e Martha com uma ida forçada para um convento de freiras (que sem dúvida a interessa, pois tudo a interessa).

Martin acabará indo para Bruxelas. Martha e Nelson se instalam na casa de Juanita. Ou seja, sob liberdade vigiada. Nos dias bonitos, eles vão à praia de Genebra. Martha se bronzeia de biquíni; bastante ousada para a época. Ela adora ir ao cinema,

Nelson também. Às vezes, eles veem três filmes em sequência. E só pensam em se divertir. Não apenas ao piano, não, com mil outras coisas.

Um dia, eles encontram Gilda Oswaldo Cruz e decidem apostar para ver quem dirá as coisas mais maldosas. Como boa especialista em Proust, Gilda ganha com facilidade. Nelson consegue uma boa pontuação. Martha afirma ter ficado em último... Eles não fogem do piano, mas da clausura de uma carreira já traçada. Do piano-prisão. Outro dia, eles se divertem tocando melodias de ouvido. Peças que nunca tinham tocado antes. Dessa vez, Martha consegue o melhor resultado.

Com o piano, não fazem nada. Martha não quer mais ouvir falar em concertos. Nelson tampouco. "Quando tocamos piano desde a infância, quando nos dizem que estamos 'casados' com o piano, querer mandar tudo para os ares é sinal de saúde", ela diz hoje. Mas o piano acabaria colocando um anel em seu dedo e ela o deixaria voltar para sua cama. Tudo o que queremos, desde que pratiquemos o amor livre.

Desesperada com a atitude da filha, Juanita decide promover a carreira de Nelson e o inscreve à força no concurso de Genebra. Ela o persegue todos os dias para que estude. Se ele ainda está dormindo quando ela volta do trabalho, borrifa seu rosto com água gelada. Sem nada dizer à tirânica anfitriã, Nelson se inscreve no concurso Tchaikovski de Moscou. Sem convicção. Para evitar que o dragão descubra seu segredo e o coloque na rua. Nelson não tem dinheiro nem teto. Ele precisa voltar para o Rio.

Ponto de partida

Em 1º de dezembro de 1961, Nelson compra uma passagem apenas de ida de Frankfurt para o Rio de Janeiro com escala em Paris e Lisboa. Ele sai do avião enrolado num casacão, embora o termômetro marque quarenta graus à sombra. O Rio de Janeiro não é a capital do país desde o ano anterior. Uma cidade de arquitetura futurista, Brasília, tinha sido construída.

O pianista não consegue tocar mais de três compassos. Viena, de que ele tanto se queixava, lhe faz falta. Sem Martha, ele se sente órfão, vazio de sua substância, sem energia. Está insatisfeito consigo mesmo. Por que desperdiçou daquele jeito seu tempo na Europa? Ele não fez nenhum concurso, não conheceu nenhum empresário e não marcou nenhuma data de concerto. "Ele está perdido para o piano", murmuram seus amigos, desolados. Lucia Branco organiza uma recepção em seu apartamento para festejar o retorno do menino prodígio que não é mais prodígio. De cabelos penteados, sorriso parado, ele chega arrastando os pés. E com sua "cara vienense", a única recordação trazida de lá. Uma recepção de honra o espera. "Recepção de horror", ele murmura entre os dentes.

Sua irmã mais velha Nelma se casara e morava em Niterói, cidade próxima ao Rio onde fica a Fundação Niemeyer. Norma mora em Ipanema, perto do apartamento dos pais. É divorciada e tem dois filhos. Nelson instala-se em sua casa. É difícil voltar a depender da família depois que se experimentou a independência. Ele fuma bastante, não estuda e não se interessa por nada. Toca um pouco a quatro mãos com um amigo. Juntos, eles leem as sinfonias de Haydn e de

Schumann. Mas, assim que se vê sozinho à frente do piano, nada – o vazio.

O pianista Jacques Klein entra em contato com uma sumidade musical para tirá-lo daquele torpor: Arnaldo Estrella, que tocara sob a regência de Bruno Walter, Mitropoulos, Ormandy. E a quem Villa-Lobos, Mignone e Guarnieri dedicaram várias obras. Mas Nelson está sem energia, exangue. Ele fala com as amigas no telefone por horas. Gilda tenta encorajá-lo em suas cartas. Ela está na Holanda e sua família mora em Ipanema, a duas ruas do apartamento onde ele está morando.

Amigos próximos sempre ficam desesperados ao ver um talento "ser desperdiçado", como eles dizem. Na verdade, um talento não se desperdiça, ele tem várias fases e todas têm sua utilidade, sua fonte de ensinamentos. Deprimido, ele se deixa cair no fundo do poço. Segundo o mesmo princípio, quando a sorte lhe sorrir, ele encontrará forças inauditas para se manter no topo.

É o que acontece. Nelson vive a descida aos infernos sem tergiversar. Ocioso, miserável, mas de olhos abertos. Ele reflete e se mantém fiel a si mesmo, encarando a dor de frente. Esse incompreensível tempo de latência é a face oculta da coragem, seu reverso. Se não tivesse tido seus momentos de *"black dog"*,[10] resistindo a seu hálito pestilento, Churchill teria encontrado forças para se erguer perante Hitler quando as circunstâncias exigiram? Os próximos infantilizam o artista e aplicam a ele o catecismo das pessoas normais, que pressupõe viver na média, não se fazer notar. Mas os artistas nasceram para

---

10. "Cachorro preto", metáfora inglesa para se referir à depressão. (N.T.)

ser eles mesmos. Nelson Freire definha no fundo do poço. Ele poderia fingir, fazer de conta, mas para ele, desde sempre, não existe música sem amor. E, como seu coração está vazio, seus dedos ficam inertes e seu piano, mudo.

Depois de longos dias de chuva, o sol atravessa as nuvens. Um amigo o aconselha a tocar Brahms. É como uma fórmula mágica. Brahms é o amigo dos bons e dos maus dias. Nelson se lembra de ter ido ouvir sua adorada professora, Nise Obino, num recital. Era uma tarde muito quente, ela usava um vestido preto muito decotado à la Rita Hayworth. Ela atacara com paixão a *Rapsódia n. 1*. Em *O fantasma da liberdade*, Buñuel emparelhara a *Rapsódia n. 2* com o glamour e a bizarrice numa espécie de colagem surrealista. Nelson ficou boquiaberto. Então Brahms era isso? O contrário de comer e beber. Ele tinha onze ou doze anos e a partir de então só iria pensar em Brahms, Brahms, Brahms. Aprendeu a *Sonata n. 3*, o *Concerto n. 2*, o *Concerto n. 1*...

Com Nise, ele ouvia religiosamente o disco do *Concerto n. 2* de Brahms com Wilhelm Backhaus e Carl Schuricht. Reviveu tudo isso como se fosse ontem. Invadido por uma energia nova, Nelson se dirige ao piano. O acorde cheio de fogo que abre a *Sonata n. 3 em fá menor* sobe aos céus. Fazia tempo que seu piano não soava com tanto vigor. A arquitetura do "Allegro maestoso" se estrutura como por encantamento. Tudo retorna com precisão e sentido. Depois, no "Andante espressivo" em lá bemol maior, o grande duo de amor ao luar, ele sente as polpas dos dedos se fundirem às teclas do piano, a berceuse chega naturalmente e depois o coro, que inspirara Wagner no monólogo de Hans Sachs nos *Mestres cantores*.

Orfeu retorna ao mundo dos vivos. "Brahms me salvou!", ele diz aos amigos.

Em julho de 1963, Nelson aceita dar um recital em São Paulo, onde ainda não é muito conhecido – por causa da velha rivalidade entre as duas cidades. Também há Porto Alegre, no sul, Curitiba, no Paraná, Salvador, a antiga capital do país, Recife, Belém, Manaus e ainda Brasília, mas nada se compara ao brilho da vida musical e artística zelosamente disputada entre Rio de Janeiro e São Paulo à época. Ainda hoje, a Cidade da Música, construída por Christian de Portzamparc, na Barra da Tijuca, é uma resposta à magnífica Sala São Paulo, nascida numa antiga estação de trem e dotada de uma acústica de sonho. Embora a capital econômica tenha por muito tempo se apagado diante da "baía mais linda do mundo" – e devido ao acesso desta ao mar –, tudo mudou com o desenvolvimento das conexões aéreas e com a industrialização massiva dos anos 1960.

Na noite do recital na cidade natal de Guiomar Novaes, Nelson fica extremamente nervoso. Ele não tem certeza de ter voltado à sua melhor forma. Sem falar da possível frieza reservada aos artistas celebrados no Rio. Ao contrário do que esperava, Nelson triunfa e recupera a confiança.

Ele voltará à cidade em 1964. Aos dezenove anos, já é um dos melhores pianistas do mundo, embora o mundo ainda não saiba disso. Brio, suavidade, velocidade, encanto, maciez, colorido, faíscas, clareza, tudo está presente. E o programa! Prelúdio e fuga de Bach, "Ich ruf zu dir", de Bach-
-Busoni, *Sonata "Waldstein"* de Beethoven, *Dois estudos de concerto* ("Murmúrios da floresta" e "Dança dos gnomos") de Liszt, *Pour le Piano* de Debussy, o primeiro e o último

dos *24 prelúdios* de Chopin, *Balada n. 4* de Chopin, *Dança negra* de Guarnieri, *Sonata n. 7* de Prokofiev, *Prelúdio op. 32 n. 12* de Rachmaninoff, "Chopin" do *Carnaval* de Schumann. Espantoso! Quem é capaz de tantas proezas? Pessoas que se contam nos dedos de uma mão.

Nise casou-se novamente e transferiu-se para Brasília. Nelson visita a nova capital com a amiga. Ele fica impressionado com a arquitetura que propulsiona o país à modernidade. Ele toca pela primeira vez na cidade, a dois pianos, com a colega Cesarina Riso, no Hotel Nacional, em 1963. Os dois são belos como deuses. No programa: Rachmaninoff, Brahms, Ravel.

Nise organiza concertos e trabalha na rádio. Um dia, ela telefona à casa de Nelson e sua mãe atende. "Onde ele está?" Dona Augusta responde que ele deve tocar no Rio ou São Paulo. "Qual o cachê?", pergunta Nise. "Muito bom", responde Freire, pegando o aparelho. "Pago o dobro! Pago o dobro!", exclama Nise. Nelson participa da série organizada pela antiga professora. Antes do recital, ela o convida a participar de seu programa de rádio. Subitamente, eles se sentem intimidados pela presença um do outro. Nise hesita e se cala. Nelson responde da mesma forma. Assim se desenrola um dos mais longos silêncios da história do rádio.

Enquanto isso, Martha Argerich vai, com mais onze pianistas, para a região de Turim, onde tenta estudar com Arturo Benedetti Michelangeli, e fica por lá durante um ano e meio para acabar tendo apenas quatro aulas com ele. "Eu lhe ensinei a música do silêncio", sugere a esfinge italiana. Um dia, ela recebe uma carta e pensa reconhecer sua própria letra. "Estou escrevendo para mim mesma?", Martha se pergunta. Ela examina o carimbo do correio... É de Nelson. Ele sente sua falta. Fala com suas palavras. Escreve como ela. Da mesma forma que falará com a voz de Bach, se fundirá a Chopin e adivinhará os segredos de Debussy, em vez de deixar sua marca.

Martha vai a Nova York para se encontrar com Vladimir Horowitz (em vão) e passa mais tempo na frente da televisão do que ao piano. Ela volta para a Europa no início de 1964 e dá à luz a filha Lyda. Na mesma época, Nelson aluga um apartamento em Genebra. Os dois amigos ficam felizes com o reencontro. Juanita Argerich acaba de inscrever a filha no concurso Rainha Elisabeth da Bélgica. Martha não quer ir sozinha para Bruxelas. Será que Nelson não quer acompanhá-la? Ele aceita. Juanita se encarrega de cuidar da bebê, que fica no berçário em Genebra. Os dois pianistas encontram refúgio na casa dos Villa-Lobos, um casal de diplomatas brasileiros que têm um Steinway em seu amplo apartamento. O concurso se anuncia como o grande acontecimento da temporada musical. No júri, o americano Leon Fleisher, o russo Emil Gilels, o espanhol Eduardo del Pueyo, os poloneses Alexander Brailowski e Stefan Askenaze.

Criado em 1937, o concurso era originalmente chamado de Eugène Ysaÿe. A rainha homenageara seu amigo violinista, que sonhava em ajudar jovens músicos. David Oïstrakh e Emil Gilels foram os primeiros laureados. Depois da guerra, o concurso foi renomeado em homenagem a sua fundadora. Em 1964, a rainha muito idosa preside sua última sessão; ela morrerá no ano seguinte.

No dia da primeira prova, Martha Argerich desiste de participar. Ela se sente agitada demais. Nelson Freire havia se preparado na casa de um amigo em Roma. Diz ter estudado "como nunca". Talvez demais. Transmitida pelo rádio, sua participação revela um piano soberano, cintilante, mas seu *Estudo de concerto "Murmúrios da floresta"*, de Liszt, parece um tanto pretensioso e prepotente. Martha, Gilda e Nelson se dirigem confiantes ao teatro, onde estão afixados os resultados. E... F... G... Seu nome não aparece. Ele não passa nas eliminatórias. Os três amigos caem nos braços uns dos outros. É quase inacreditável. Dizem que foi eliminado por um dos membros do júri.

O vencedor dessa edição do concurso é o ucraniano Eugène Moguilevsky (aluno de Heinrich Neuhaus). Ele fascina o júri e o público com um fabuloso *Concerto n. 3* de Rachmaninoff. Desde o início, era o favorito de Martha. Em vez de ficar com ciúme, Nelson se apaixona loucamente. Moguilevsky não se interessa por homens, mas fica encantado com a personalidade do brasileiro. O anúncio da premiação escandaliza a delegação soviética: Moguilevsky (dezoito anos) supera Nikolai Petrov, o candidato oficial do Kremlin. Depois da queda do muro, Moguilevsky se instalará em Bruxelas com a família. Seu filho Alexander é hoje um pianista particularmente talentoso e original.

Em Bruxelas, Martha e Nelson reúnem-se em torno de uma garrafa de vinho branco. Amargura e desencanto. Aquele não é o ano deles. O seguinte será mais favorável. Martha estuda com Stefan Askenaze e vencerá o concurso Chopin de Varsóvia. Nelson também faz aulas com o pianista polonês, incomparável intérprete de Chopin, estabelecido em Bruxelas.

Uma das juradas do Rainha Elisabeth fica particularmente chocada com a eliminação de Nelson: a pianista britânica Harriet

Cohen (1895-1967). Mulher de personalidade forte, espírito livre e encanto magnético. Dedicatária do concerto para piano de Vaughan Williams e de uma parte dos *Microcosmos* de Bartók, ela também é próxima de Elgar, Sibelius e D.H. Lawrence. Muito cedo, abraçara a causa sionista. Em 1948, perdeu o uso da mão direita e passou a se dedicar ao ensino. O jeito de tocar e a personalidade de Nelson a marcaram. De volta a Londres, ela faz com que ele receba a medalha Dinu Lipatti. Distinção da qual Nelson sempre terá muito orgulho.

Outra pessoa também o ajudará a se reerguer: a brasileira Anna Stella Schic. Especialista em Villa-Lobos, cuja obra para piano grava pela EMI, era casada com o compositor francês Michel Philippot. Anna Stella convence o jovem colega a participar do concurso Vianna da Motta (um dos últimos alunos de Liszt), em Lisboa. Em 1957, a primeira edição do concurso premiou o russo Naum Starkmann e deu o terceiro lugar ao polonês Milosz Magin. Depois de um hiato, o concurso é retomado em 1964.

Dois dias antes do início das provas, Nelson recebe a partitura de uma sonata muito difícil de Carlos Seixas, o Scarlatti português. Aquilo é uma loucura. É impossível aprender uma música tão virtuosística como aquela em tão pouco tempo. Mas sua participação causa sensação. Para a ocasião, ele também aprende a *Sonata em lá maior* de Mozart (ele tocava a *Alla turca* na infância) e a *Barcarola* de Chopin. A *Sonata n. 3* e a *Balada n. 4* de Chopin já estão em seus dedos. Ele também se dedica ao *Estudo "patético"* de Scriabin, o *Estudo op. 10 n. 4* de Chopin, o *Estudo de Paganini n. 2* de Liszt e a *Dança negra* de Guarnieri. O júri é composto por Nadia Boulanger, Jacques Février, Anna Stella Schic, o compositor brasileiro Camargo

Guarnieri, o compositor português Luis de Freitas Branco e Maria Levêque. Nelson vence o concurso com brilhantismo. Empatou com o russo Vladimir Krainev, mas foi o primeiro a ser nomeado. Outro candidato brasileiro (Eduardo Hazan, da cidade de Santos) parte de mãos vazias.

Na época, Nelson reata com o professor vienense Bruno Seidlhofer. Aos quinze anos, ele deixara passar a chance de estudar com ele. Aos vinte, o delinquente se tornara um jovem realizado, apaixonado por música e pelas alegrias da vida. Mas o reencontro é breve, pois os convites começam a chover depois da sagração portuguesa. No país de Fernando Pessoa, mas também na Espanha, na África lusófona, na Áustria, na América do Sul... "Até hoje", afirma Gilda Oswaldo Cruz, que vive em Portugal, "se fala da vitória de Nelson como de um grande momento da vida musical do país".

Ele é convidado para o Festival de Sintra, na casa da marquesa de Cadaval. Filha da mais alta aristocracia europeia, presidente da Sociedade de Concertos fundada por Vianna da Motta, a marquesa recebe os grandes músicos da época em sua suntuosa propriedade. Muito amiga de Benjamin Britten, ela conhecera pessoalmente Puccini, o imperador Francisco José, o papa Pio XII e Louise de Vilmorin. De origem italiana, essa descendente de Frederico II da Prússia organizava festas grandiosas em seu *palazzo* veneziano. Sua generosidade era proverbial. Certa noite, após um concerto encantador de Arthur Rubinstein nos jardins de Sintra, ela convida todo o público para jantar. Depois da Revolução dos Cravos, que provocará a queda do ditador Salazar, ninguém pensará em incomodá-la, de tão amada que era pela população.

Nelson Freire fica encantado com essa personalidade forte. A marquesa de Cadaval também simpatiza com o pianista brasileiro. Durante a infância em Turim, ela também estudara o instrumento, antes de se engajar como enfermeira voluntária da Cruz Vermelha durante a Primeira Guerra Mundial. Um dia, ela percebe que Nelson esconde o dinheiro de seus cachês embaixo da cama. "Existem bancos para isso", ela o repreende.

Martha Argerich vai ao encontro do amigo em Sintra. Uma noite, a marquesa lhe pergunta por que ela parece tão infeliz. Sua filha acaba de lhe ser tirada e levada a uma família de acolhimento, pois sua mãe, Juanita, tentara sequestrá-la às barbas das autoridades suíças. "Sinto vontade de morrer", responde a argentina. A marquesa se retesa: "Ah, não em minha casa!". Nelson conta essa anedota rindo com ternura. Ainda na casa da marquesa de Cadaval, em 1966, Martha e Nelson conhecem a violoncelista inglesa Jacqueline du Pré, pouco antes de seu encontro com Daniel Barenboim. Eles ficam fascinados com seu talento natural. Ela é como eles!

Em 1965, Nelson recebe um telegrama de Ernesto de Quesada. Antigo agente de Arthur Rubinstein, Quesada fundara uma agência de concertos no Brasil. Ao saber do resultado do concurso Vianna da Mota, ele o convida para substituir Alexander Brailowski em três concertos no México. Seu primeiríssimo contrato! Nelson salta num avião. O boca a boca funciona. Ele é contratado na Argentina, na Costa Rica, na República Dominicana, no Peru e na Venezuela. Em Caracas, Nelson recebe uma ligação do agente de Martha Argerich, o sr. Paulsen. Ele aceitaria substituir Shura Cherkassky no *Concerto n. 2* de Tchaikovski com a Orquestra Sinfônica de Bamberg dentro de três semanas? Ele diz que sim, embora não conheça a obra, pouco tocada. Percorre todas as livrarias musicais de Caracas em vão e manda vir a partitura de Nova York. Nelson tem catorze dias para aprendê-la. No dia do concerto, sente-se receoso. Pede ao regente para manter a partitura fechada em cima do piano. Para o caso de... Mas ele não precisará dela e fará uma apresentação brilhante. "Uma nova estrela nasceu", dizem as manchetes dos jornais alemães no dia seguinte.

Dora

Em 1966, Nelson está em Londres. É um dos pianistas hospedados por Mrs. A (assim chamada por seus hóspedes) no Musical Club de Holland Park. A vida é semicomunitária, cada um tem um piano no quarto. Martha faz parte do grupo. Bem como Stephen Bishop (que ainda não trocou o nome do marido de sua mãe pelo de seu pai biológico, Kovacevich), Rafael Orozco, Julius Katchen... Mrs. A adora os artistas e quer ajudá-los. Quando um de seus protegidos dá um recital, ela prepara um enorme filé para lhe dar forças.

Outra pianista entra em cena. Ela vem de Atenas e trabalhara com três gênios gregos: o regente Dimitri Mitropoulos e os compositores Mikis Theodorakis e Manos Hadjidakis. Também fizera os cursos de verão de Friedrich Gulda em Salzburg, onde conheceu Martha Argerich. Casamenteira honoris causa, Martha falara de Nelson a Dora e de Dora a Nelson. Um dia, Dora abre a porta do Musical Club e se depara com um jovem rapaz. "Nelson?", ela pergunta. "Dora?", ele responde. Sem terem sido apresentados, eles já estão conectados.

Assim tem início uma das raras histórias "com serviço completo" de Nelson com uma mulher. Segundo Martha, que sabe tudo, serão cinco.

Além de Dora ficar impressionada com o imenso talento de Nelson, sua virtuosidade natural, também fica encantada com sua personalidade modesta e séria, matizada por uma capacidade de perceber todos os aspectos cômicos da vida. Eles se encontram em Paris, em Genebra. Nelson fará com que ela conheça sua grande amiga Youra Guller. Ele lhe falará de Rita Hayworth, Guiomar Novaes, Nise Obino... Tocará na casa de Dora, na ilha de Egina, perto de Atenas. Ela ficará com ciúme quando ele lhe apresentar outras mulheres. Um pouco menos quando ele lhe apresentar outros homens. Seu instinto lhe diz que as coisas não duram com eles, que ela nada tem a temer. Ela mostra os dentes quando a violinista polonesa Wanda Wilkomirska se aproxima demais. Se Dora é a primeira, Wanda talvez seja a segunda. As duas filhas de Nise, Flávia e Denise, também poderiam estar nesta *short list*. Resta a quinta. Quem será? As apostas estão abertas, assim como a da Amada Imortal de Beethoven.

Em 1967, Nelson vai ouvir sua compatriota Guiomar Novaes (aos 71 anos) no Queen Elisabeth Hall duas noites seguidas. Os recitais estão esgotados há meses. Ele comparece às duas noites. Da mesma forma, ela assistirá, sempre que possível, aos recitais de seu herdeiro natural. Nelson conhece os discos de Guiomar Novaes de cor. Ele nunca fica mais feliz do que quando faz os amigos ouvi-los. Participei de várias dessas seções de muda adoração. Era um prazer observá-lo num estado de êxtase, com os olhos chamejantes: "Por mais que já a tenha ouvido centenas de vezes, sempre fico surpreso com sua maneira de tocar. Ninguém toca com tanta espontaneidade, nem mesmo em estúdio".

Guiomar

Nas fotografias, ela parece ser a simpática moça do interior que pegou algo para vestir no guarda-roupa da patroa e ficou mais bonita do que a madame. Não podemos esquecer que em algumas regiões as rainhas não têm o olhar altivo das cortes europeias e não apresentam o sorriso amarelo das mulheres que querem fazer as leitoras das revistas de celebridades acreditarem que elas têm coração. Guiomar Novaes não recobre a música com um verniz extático, etéreo ou enfático. Ela não tenta ser amada nem parecer diferente do que é. Ela toca sem rodeios. Com tanta economia nos pedais que a reverberação obtida parece vir apenas da polifonia de seus dedos...

Um dia, um admirador lhe diz à saída de um concerto: "Que força em seu Beethoven! Que ternura em seu Schumann! Que sutileza em seu Debussy! Como é possível?". Ela olha para ele sem entender e responde: "Está tudo escrito!". Essa resposta inocente é muito profunda. Dona Guiomar lembra a criança do conto de Andersen, que diz: "Mas o rei está nu!". Além disso, ela tem tamanho de criança, mãos de criança e alma de criança.

Algumas pessoas a julgam simplória. Ela é direta. Sem maquiagens. Não é intelectual, mas é muito inteligente. Ela diz as coisas como as sente, sem enfeites retóricos ou gosto pela provocação, com uma sinceridade que beira a inocência e com muita imaginação. Pois, apesar de um sólido senso de realidade que a leva a tocar as valsas de Chopin com os três tempos bem marcados, ela nos faz ouvir cores que ninguém jamais viu. Falando como todo mundo e tocando como ninguém, ela nunca interpreta as obras duas vezes da mesma maneira.

Ela se situa no oposto do perfeccionismo compacto de um Michelangeli e nos antípodas da estranha sofisticação de um Horowitz. Ignora as entrelinhas, mas conhece todas as nuanças insuspeitadas das linhas. Com mãos minúsculas, chega ao mesmo resultado de um Rachmaninoff, que as tem imensas. Ela diz a seus jovens colegas: "Toquem com a cabeça e os dedos, mas cantem com toda a alma". Ao pianista Jacques Klein, que toca para ela uma sonata de Mozart que ele confessa não entender direito, ela sugere: "Pense no Menino Jesus". Sua fé é inabalável, como a do homem simples.

Ela nasceu em 28 de fevereiro de 1894, sob o signo de Peixes (como Chopin). Em São João da Boa Vista, São Paulo, então pequena cidade no meio de florestas cheias de macacos e papagaios, num Brasil selvagem e promovido a República havia pouco. Ela é a 17ª criança de uma família simples e amorosa de dezoito filhos. Aluna de Luigi Chiaffarelli, o melhor professor do Brasil, e de Antonietta Rudge, sua brilhante assistente, ela é enviada para Paris aos treze anos e passa no concurso de admissão ao Conservatório de Paris diante de uma banca de sumidades presidida por Gabriel Fauré.

Caso único em toda a história da instituição, pedem-lhe para repetir o programa. Estarrecido, Claude Debussy escreve ao amigo Caplet: "Ela não é bonita, mas tem olhos ébrios de música e o poder de se isolar de tudo que a cerca, marca característica, tão rara, do artista". Quando contava essa anedota, Nelson omitia a avaliação física do francês de língua ferina.

Guiomar estuda com Isidor Philipp, a duas fileiras de Chopin na árvore dos discípulos.[11] No dia que ela toca o movimento lento da *Sonata "Les Adieux"* de Beethoven, ele lhe pede que repita em outro andamento. Ela assente e toca da mesma maneira. Ele tenta obrigá-la a mudar mais duas vezes, e por mais duas vezes, com o mesmo ar digno de obediência, ela não muda nada em sua interpretação. Isidor Philipp cede a uma garota de treze anos que tem o ritmo exato na pele. Esse instinto não a impede de trabalhar todas as obras com metrônomo. Nelson Freire também conservará esse hábito de aluno aplicado, zombado pelos autoproclamados "artistas".

Um dia, numa loja de roupas, Guiomar Novaes pede à vendedora que coloque a barra do metrônomo no número 72, pois está ensaiando um concerto mentalmente enquanto experimenta um vestido. A anedota mostra que ela praticava o tempo todo. Não mais do que uma hora e meia por dia ao piano, "caso contrário, secamos", pois o essencial está mais na mente do que nos dedos. Junto com a capacidade de se isolar de qualquer presença e qualquer atividade. Nelson também é desse tipo de pianistas que praticam sem o instrumento, embora às vezes passe o dia ao piano; por gosto, não por necessidade de estudar indefinidamente. Guiomar Novaes dizia que, até três dias antes de um concerto, em vez de tocar o programa, só tocava outras peças. Para não perder o *frescor*, palavra que parece inventada para ela. Da mesma forma, Chopin nunca tocava Chopin antes de tocar Chopin. Ele tocava Bach.

---

11. Isidor Philipp estudara com Georges Mathias, aluno de Chopin. (N.T.)

Em 1914, Guiomar interrompe a carreira europeia e volta para a América. Dois recitais em Nova York bastam para colocá-la no topo, ao lado de Josef Hofmann e Paderewski, seus dois pianistas preferidos. Ela é apelidada carinhosamente de "a Paderewska dos pampas", numa confusão entre Argentina e Brasil. Em 1958, para inaugurar sua primeira temporada com a New York Philharmonic, Leonard Bernstein a escolhe como solista. Todas as orquestras americanas e os grandes maestros (sobretudo George Szell) a veneram. No dia 15 de junho de 1962, dia da morte de Alfred Cortot, ela toca o *Concerto* de Schumann e pede um minuto de silêncio ao público.

Em estúdio, ela fica menos à vontade do que ao vivo em concertos. Por que colocar a música numa caixa como uma cacatua numa gaiola? Os técnicos sabem que não devem lhe impor nada e deixam o microfone aberto para captar o incomparável sem interrupção.

Espontânea no palco, Guiomar fica em estado de alerta quando a luz vermelha do estúdio de gravação se acende. Ela quer repetir, de novo e de novo. Um dia, um jovem produtor da Vox perde a paciência depois da enésima *Berceuse* de Chopin e sugere com grosseria que ela pague as horas suplementares do próprio bolso. Guiomar explode: "Acha que gosto de ficar aqui, longe da família, tendo que tocar uma peça tão difícil? É uma vergonha o que você está dizendo".

Na gravação do *Concerto* de Grieg em Viena, ela se acerta bem com o maestro Hans Swarowsky, até que ele lhe pede para tocar fortíssimo num trecho que ela sente pianíssimo. A cada vez, ela segue seu instinto e ele interrompe a orquestra, repetindo o pedido. Depois de três tentativas infrutíferas, ele se zanga e ordena uma última tomada. A orquestra recomeça, mas, quando chega a famosa seção, ouve-se uma pequena voz à beira das lágrimas: "Não, não, não. Não vou fazer isso. Isso se toca piano".

Segundo Nelson Freire, ela é o exato oposto do espírito anglo-saxão. No entanto, esse público a adora e a põe nas alturas. Ele se diverte com as inúmeras anedotas que correm a seu respeito e revelam sua profunda originalidade. Uma noite, ela voltava para casa, no East Side, às três horas da manhã. Um homem tenta aproveitar para entrar no hall de seu prédio. "O senhor vai à casa de quem?", ela pergunta desconfiada. "À casa do sr. Smith", responde o homem. "Não tem nenhum sr. Smith aqui." "Como a senhora sabe?" "O prédio todo me pertence", ela responde ingenuamente. Percebendo ter despertado a cobiça do sujeito com sua resposta categórica, ela tenta fechar a porta, mas o desconhecido usa o pé para impedi-la. Ela começa a gritar com uma voz tão estridente que o homem foge. O mais engraçado é que, em vez de voltar tranquilamente para casa, Guiomar Novaes persegue o ladrão pelas perigosas alamedas do Central Park. Outra noite, ela cruza com o pianista Stephen Kovacevich num elevador. Ele a parabeniza pelo recital da véspera. Ela não responde. Ele a cumprimenta de novo. Nada, de novo. Ele lhe diz que também tocará na mesma sala e ela sai de seu mutismo com vivacidade: "Quanto vão lhe pagar?".

Depois de um recital, um admirador a enche de elogios. Ela protesta: o Beethoven não estava muito bom. O fã a tranquiliza com entusiasmo. Ela faz uma careta: tocara uma nota errada no Chopin. Ele jura que isso não conta. Ela suspira: faltou clareza ao Debussy. "Justamente!", exclama o outro, foi misterioso e sutil. O Beethoven não foi tão comovente. "Ah, foi, sim!, ele me fez chorar." E, quando o admirador parece ter esgotado seus elogios, a pianista suplica: "Continue!".

Não sendo uma boa gestora, Guiomar Novaes precisa vender todos os seus apartamentos no fim da vida, para reembolsar os credores. Ela se instala na suíte real de um luxuoso hotel do East Side. Responsável pelo sustento da família, hospeda uma dezena de pessoas e dorme embaixo do piano. Em pouco tempo, sem poder pagar as contas, subloca o salão principal a um príncipe árabe que constrói uma tenda e acende um braseiro, espalhando um cheiro de queimado por todo o andar.

Uma noite, num recital, ela erra uma nota. Furiosa, mostra a língua para o piano. Nelson e Guiomar adoram passar tempo juntos. Uma tarde, ele vai tocar para ela os *24 prelúdios* de Chopin. Depois de cada prelúdio, ela toca o mesmo, e assim até o fim. "Ela falava como uma vovozinha. Nunca diríamos que era tão sábia. Sua intuição lhe inspirava todo o seu conhecimento." Sem Guiomar Novaes, Nelson Freire não teria sido o mesmo. Ainda que suas personalidades sejam muito diferentes.

Ele admira todos os períodos sucessivos da carreira dela. Os anos 1920 pela vivacidade. Os anos 1940 representam o apogeu. Ele ouve repetidamente a *Balada n. 3* de Chopin, as *Cenas infantis* e os *Papillons* de Schumann, a *Tocata em ré menor*, o *Concerto "Jeunehomme"* com Szell, os *Prelúdios* de 1949... Por fim, os anos 1960 guardam muitos tesouros. Ele fica maravilhado com seu *Triana*, de Albéniz, que poucos conhecem, admira um "Chopin-Liszt-Debussy" gravado pela Decca em 1963. Nelson se deleita com uma *Sonata fúnebre* gravada ao vivo em Atlanta, em 1968. Ele tocará muitas obras pensando em Guiomar, por fidelidade a Guiomar: os Chopin, os Debussy ao fim de recitais, a *Rapsódia n. 10* de Liszt, o *Danúbio azul*... Tanto por amor quanto por uma superstição tipicamente brasileira, ele construirá seu repertório em torno das obras que ela tocava. Como se interpretar uma obra que Nise não lhe ensinara, que Guiomar não tocava ou que não fosse um segredo entre Martha e ele, não valesse a pena.

No dia seguinte a um concerto, em Salzburgo, Alfred Brendel cruza com ele num restaurante e lhe diz: "Seu *Concerto em fá menor* de Chopin foi o melhor que já ouvi na vida". Nelson fica orgulhoso, mas pensa consigo mesmo que o colega não deve conhecer a gravação de Guiomar. De resto, a pianista brasileira está escandalosamente ausente da série "Great Pianists of the 20th Century", organizada por Brendel. Stephen Kovacevich, igualmente culto, exclamará depois de passar pelo ritual imposto por Nelson aos amigos: "Eu não sabia que ela era uma pianista tão extraordinária". O brasileiro guardava zelosamente discos em acetato gravados por Guiomar e que, sem ele, teriam desaparecido, pois muitos acabaram virando pó. Quando ela morre, em 1979, ele herda seu grande Steinway americano de 1926. Ele herda, acima de tudo, uma maneira límpida de fazer música. Uma sonoridade generosa. E um controle absoluto, desprovido de sentimentalismo, sempre natural.

Viagem

No início dos anos 1960, Nelson Freire passa a ser representado por um agente que Martha havia lhe apresentado em Berna. Ela escolheu aquele empresário à moda antiga, elegante, refinado, vindo da minoria alemã dos países bálticos. Reinhard Paulsen trabalhava para o escritório de Winderstein, em Munique. No meio empresarial, alguns o consideram um "zero à esquerda", mas Martha gosta de sua doçura e de sua compreensão. "Sempre ao lado de seus artistas", é o seu credo. Ele nunca os trata como crianças irresponsáveis. Paulsen promete cuidar de Nelson, embora sua carreira comece de maneira menos fulgurante que a de Martha.

Em meados dos anos 1960, os pais de Nelson decidem visitar a Europa, coisa que não tinham feito quando ele estudava em Viena. O jovem fica muito feliz de lhes mostrar seus lugares preferidos. Durante a viagem, eles visitam Gilda Oswaldo Cruz, uma de suas "mães adotivas" vienenses, que vive em Haia com o marido. Vão ao museu Van Gogh, que na época ainda não ficava em Amsterdã, mas na fronteira alemã. Olga lembra que, durante toda a viagem, o pai de Nelson só falava de Boa Esperança: do ar puro, dos amigos, dos banquetes de Natal... No museu, diante das obras-primas do pintor, ele falava da culinária de Minas Gerais. Nada sobre os comedores de batata. Tudo sobre os leitões à pururuca.

De volta a Haia, o pai de Nelson escreve em seu diário de viagem. Gilda fica estupefata ao ler um relato extremamente preciso e circunstanciado de cada lugar visitado, de cada quadro observado, embora ele parecesse impermeável ao que não fizesse parte de seu próprio passado dourado. Isso não deixa de lembrar um traço de caráter de Nelson, que assimila os menores detalhes de seu meio embora pareça indiferente ao que o cerca. Um fato dramático ocorre durante a viagem. José Freire é roubado e fica sem dinheiro. Com sua costumeira discrição, ele não diz nada a Nelson. O irmão mais velho de Nelson, Nélio, se encarrega de tirá-los da dificuldade, sem abrir a boca. Nelson só ficará sabendo muito mais tarde da elegância de seu gesto e ficará profundamente tocado. Jogador inveterado, Nélio perderá suas economias no bacará, mas gozará da estima, do apoio e do afeto do irmão até a morte.

Em 1967, Nelson Freire compra seu primeiro modelo B da Steinway. "Como você conseguiu?", exclama Martha, que não tem nada na poupança e dá mais recitais que ele. Ele economizara cada centavo. Estava muito longe da época de Viena, em que o dinheiro da bolsa escorria por seus dedos.

No mesmo ano, Nelson grava os primeiros discos para a CBS: *Sonata n. 3* de Brahms, *Carnaval* de Schumann, *Impromptu op. 90* de Schubert. Ele também grava o *Trio n. 1* de Mendelssohn com o violinista Salomão Rabinowitz e o violoncelista Peter Danelsberg. Durante os cinquenta anos seguintes, ele nunca mais conseguirá ouvir essa obra, no funesto tom de ré menor. Um acontecimento abalará sua vida e mudará para sempre sua maneira de ser.

Tragédia

No dia 13 de setembro de 1967, Nelson tem um concerto marcado em Belo Horizonte. Ele fica orgulhoso de tocar na capital do estado que o viu nascer. Insiste que seus pais o acompanhem. Eles poderiam pegar um avião, mas Nelson prefere o ônibus. Uma nova autoestrada acaba de ser inaugurada. Os pais hesitam. É uma viagem longa. Nelson compra os bilhetes pessoalmente na rodoviária, no centro da cidade. Uma nova companhia oferece tarifas excepcionalmente baixas. Diante do fato consumado, os pais aceitam o convite. Poderão aproveitar para rever os membros da numerosa família. O ônibus se dirige à montanha. A estrada é bonita. O motorista dirige rápido. Um pouco rápido demais. "Dedé" o vigia com preocupação. O trajeto é longo. Por volta das duas ou três da manhã, o ônibus faz uma última parada em Conselheiro Lafaiete. Resta uma hora de viagem até Belo Horizonte. Para enganar o tédio, Nelson se senta ao lado do motorista, que cutuca o nariz perigosamente. Todos dormem, menos dona Augusta, que teme que o filho pegue uma corrente de ar. Ela se levanta e o obriga a mudar de lugar. Descontente, Nelson vai para o fundo do ônibus e fuma um cigarro.

De repente, o motorista vê um ônibus da mesma companhia e acelera para se aproximar. Ele logo entra no Viaduto das Almas, entre duas montanhas. O nome deveria ter inspirado ao motorista um aumento de cautela. Em vez disso, ele ultrapassa o outro veículo. Pela janela aberta, o outro motorista o insulta. O imprudente continua sua manobra perigosa. Então tudo acontece muito rápido. Ele freia, derrapa, desliza, a barreira lateral se rompe, o ônibus cai e se estatela trinta metros abaixo. A maioria dos passageiros morre na hora durante o sono. Os socorros chegam ao amanhecer. Um dos primos de Nelson, que trabalha na televisão, Levi Freire, já está no local. Ele constata a morte de José e Augusta.

Nelson Freire é um dos raros sobreviventes. Protegido pelos eternos cuidados maternos e salvo pela mão de Deus, o órfão de 22 anos fica em estado de choque. A família, que assistiria a um recital, comparece a um funeral. Transportado pela ambulância ao hospital, Nelson é protegido da multidão que se aglomera na frente da instituição. Jornalistas, passantes, curiosos. Ele sai sem nenhum arranhão. Um verdadeiro milagre. E uma luxação no ombro. O ombro que mais tarde... Uma imagem o obceca: a cabeça dos pais sobre seus joelhos.

Por toda a vida, ele carregará o peso dessa dor e desse milagre. Culpa e responsabilidade. Como sobreviver a uma tragédia dessas? Através do trabalho. Mais do que nunca, a música se torna uma necessidade vital. Para afastar a dor. Impedir-se de afundar na loucura. Comunicar-se com os semelhantes. E provar aos pais que seu sacrifício não foi em vão. A música contra a morte. A música pelos mortos. A música *senão* a morte.

Por quase meio século, ele nunca mencionará o acidente. "Ele deveria ter falado com alguém", avalia um amigo. "Ninguém consegue viver com um trauma desses." Consegue sim, jurando para si mesmo elevar-se o mais alto possível. Para se unir aos pais no céu, a música é uma escada de seda. Na hora do enterro, ele não consegue sair da cama, atordoado. A vida toda, ele detestará o mês de setembro. E sempre terá medo de carro.

Nelson fica vários meses na casa da tia Maria José, "Marica". E chora sem parar. Felizmente, pois é assim que expressa sua indizível dor. De volta ao Rio, Nelma assume o papel de segunda mãe. Nirval e Norma o cercam de carinho. Nélio lhe dá apoio financeiro. Sem o amor dos irmãos e das irmãs, Nelson nunca teria conseguido sair do buraco. Norma o ajuda a tocar de novo em público, perspectiva antes inconcebível. Ela o acompanha nas turnês, o tranquiliza e permite que ele recupere a autoconfiança.

Em 1º de março de 1968, ele faz sua estreia europeia com orquestra. "Doktor Paulsen" consegue um contrato em Hamburgo com a Orquestra da NDR, regida por Heinz Wallberg. Como é o dia de aniversário de Chopin, o *Concerto n. 1 em mi menor* está no programa. Uma obra nova no repertório de Nelson. Ainda abalado, ele confessa suas dúvidas ao organizador: "Não sei se vou conseguir tocar". Preocupadíssimo, o organizador telefona ao agente de Nelson, que o tranquiliza e aconselha o artista a evitar ser tão franco na véspera de um concerto. No ensaio, o pianista fica muito nervoso durante o longo *tutti* orquestral. Ele coloca as mãos sobre o piano com força e peso. De repente, o piano escorrega. Músicos, maestro e solista caem na gargalhada. As rodinhas não tinham sido fixadas corretamente. O solista relaxa e o concerto acontece sem contratempos. Ele é transmitido na rádio. Os ouvintes ficam maravilhados com a pureza de seu toque desprovido de dureza. O *Finale* é particularmente colorido e cintilante.

No ano seguinte, ele estreia com a Orquestra Filarmônica da ORTF. Kurt Masur rege pela primeira vez aquela que se tornará a Orquestra Nacional da França. Juntos, no estúdio 104 da Maison de la Radio, eles apresentam um deslumbrante *Concerto n. 1* de Tchaikovski. Nelson gravara esse carro-chefe do repertório no ano anterior com Rudolf Kempe. Seu primeiro disco com orquestra, com um regente discreto e íntegro. Intérprete ideal da música alemã (especialmente Richard Strauss), Kempe é uma dessas grandes amizades artísticas e será para sempre seu regente preferido. Como ele, o alemão é um artesão. Antigo primeiro oboísta na Orquestra Gewandhaus de Leipzig, ele nunca tivera ambição que não fosse musical. Uma noite, o maestro adoece e não há substituto. Kempe se oferece para pegar a batuta e a orquestra o acolhe na mesma hora.

Quando Nelson cruza o seu caminho, Kempe é diretor musical da Staatskapelle de Dresden, uma das melhores orquestras da Europa. A CBS tem a feliz ideia de reunir um maestro respeitado a um jovem pianista desconhecido. Oferecendo a este último a possibilidade de gravar quatro concertos em sequência: Tchaikovski, Grieg, Schumann e a *Totentanz* de Liszt. Esse privilégio só fora concedido a Vladimir Horowitz antes dele. Nelson e Kempe simpatizam na mesma hora. Pouquíssimas palavras são trocadas. A música vem naturalmente. Os dois são pouco carreiristas e igualmente focados na partitura. Mais tarde, Nelson o encontrará numa mercearia em Nova York. Fugindo do jantar oferecido pelos patrocinadores de um concerto, o maestro fazia compras para preparar sua própria refeição. A simplicidade em pessoa.

No início de 1968, Martha Argerich visita o amigo em plena estação quente, úmida e chuvosa. Ele, que praticamente não fala nada há vários meses, recupera um pouco da alegria. Nelson fica feliz de mostrar seu país a Martha. O Brasil é muito diferente da Argentina. A gentileza dos brasileiros destoa da aspereza dos argentinos, dos quais se diz serem italianos que falam espanhol e se acham ingleses. Além disso, o Brasil é vasto, variado e mestiço. Segundo ela própria, Martha é muito "corpo mole". Movimentar-se é sempre um sacrifício. Ela reluta em receber visitas. Nunca está pronta. Diz que precisa trabalhar e continua falando, fumando, rindo e bebendo café. Eles têm dificuldade de concordar sobre o que fazer. Além disso, ela se queixa da umidade que faz seus cabelos ficarem frisados. E como Sansão, a cabeleira é o lugar sagrado de sua força secreta. "Para que serve a umidade?", ela repete, como uma rainha ultrajada. Nelson se irrita. Um dia, ele lhe diz: "Um fotógrafo vai passar aqui à tarde". Ela protesta: "Ah, não. Não quero ver ninguém". O amigo fica irritado: "Ele vem por mim, Martha". Esquecera que ele também era pianista? Constrangida, ela murmura: "Ah, sim, claro". Martha às vezes é ríspida, sem filtro. Uma noite, durante um recital de Nelson, ela o encontra no intervalo em seu camarim: "Não dá para ouvir você". A intenção é boa, mas ele é muito mais suscetível que ela. Fica ferido, consternado.

Em agosto, eles tocam a dois pianos, pela primeira vez em público, no Queen Elisabeth Hall de Londres, num festival organizado por Daniel Barenboim. Martha insiste para que ele seja seu parceiro. Como não gosta de tocar sozinha, ela com isso se poupa do terrível nervosismo antes dos recitais, ainda que às vezes fique nervosa em dupla. Naquele dia, Nelson sente que ela suga sua energia antes de entrar no palco. Mas, por trás da aparência abatida de Martha, suas infindáveis habilidades permanecem intactas, enquanto Nelson tem a impressão de ter perdido metade das suas. Para eles, a primeira vez juntos não é um êxito. Stephen Bishop vira as páginas. Nelson consegue ouvir o próprio coração batendo com força dentro do peito. No programa, Debussy. "Eles não tocaram *Em branco e preto*, mas *Em cinza e rosa*", escreve um crítico. *La Valse*, de Ravel, tinha sido apenas lida por eles, e não trabalhada – eles sempre farão isso e sempre será uma perfeição.

De repente, há uma briga entre eles. Um desentendimento. Uma incompreensão. Martha pede desculpas. Não adianta. "Não nos falaremos por um ano", ela diagnostica, resignada. Doze meses depois, o telefone toca para Nelson, que está em Londres na casa de um amigo. Este último atende. Alguém desliga do outro lado. Nova ligação. Dessa vez, Nelson atende.

Ele ouve aquela vozinha tão querida: "Sou eu. Você ainda está zangado?". Ele não está mais. Como resistir a um pedido de reconciliação tão delicadamente formulado?

Em 1969, Nelson lança novos discos pela Columbia (CBS). Ele grava a *Sonata em si menor* de Liszt e a *Sonata n. 3* de Chopin. A sonata de Liszt nem sempre foi de seu agrado. Ele mantém com ela uma relação ambivalente. Às vezes ela o atrai, em outras o repele. Orfeu e Fausto talvez não sejam compatíveis. E talvez seja preciso ter familiaridade tanto com o Diabo quanto com Deus para tocá-la. Uma obra feita para Horowitz ou Martha. Com Chopin, em contrapartida, é sempre um amor incondicional.

(Um pequeno parêntese televisivo)

"Um grande artista de hoje, de amanhã..." É assim que Peter Ustinov apresenta Nelson Freire durante a noite de gala da Unicef de 1969, na Ópera de Paris. O ator rejuvenesce o pianista: "Ele tem 21 anos". Na verdade, 25. A televisão já revela sua sede de carne fresca, seu medo das rugas. Aquela ainda não é uma época nostálgica, mas ela é tão confiante em si mesma que se oferece o prazer de celebrar as obras-primas do passado. Chopin! O mestre de cerimônias não esquece o humor herdado de seus ancestrais: "Nelson Freire não gosta de falar antes de tocar. Eu também não gosto de brincar antes de falar".[12]

O homem que interpretou Nero em *Quo Vadis* se permite uma piada interna destinada aos *happy few* do público

---

12. Trocadilho com a palavra *jouer*, que em francês pode significar tanto "tocar" quanto "brincar". (N.T.)

parisiense, sem se preocupar com o telespectador padrão da emissora ORTF: "A obra é dedicada a um certo Stockhausen... certamente não o mesmo". A dona de casa com menos de 51 anos, que ainda não recebeu as chaves do reino, não conhece o papa alemão da eletroacústica e muito menos o amigo de Chopin. Pouco importa. Na galeria de honra do Palais Garnier, a sra. Pompidou[13] está no céu. Em torno dela, todos riem ostensivamente para mostrar à grande amiga de Pierre Boulez que entenderam a piada. Depois, o pianista brasileiro oferece *urbi et orbi* uma *Barcarola* memorável. De uma clareza astral e um senso de comedimento dignos de uma lua crescente.

Em 10 de outubro de 1985, Nelson Freire é um dos músicos presentes no programa Le Grand Échiquier. Graças ao violinista Augustin Dumay, a estrela da noite, que o convidara. Para dar um toque local, o apresentador Jacques Chancel o chama de "Nelson Fraillère". O jornalista tomará o cuidado de não fazer o pianista falar. De todo modo, o violinista fala por dois, a ponto de Chancel ter dificuldade de lhe fazer perguntas. "Um grande artista, um amigo..." Todos são grandes, todos fazem juras de amizade. E nós com isso? "Não podemos cortar Mozart", afirma Augustin Dumay, que toca o concerto inteiro. Aparentemente, podemos cortar Schumann, pois Nelson "Fraillère" precisa se contentar com o *Finale*. O suficiente para admirar a leveza de suas mãos, a beleza de seu som, o fogo sob o gelo. Com sua elegante discrição, ele parece o primo interiorano relegado à ponta da mesa no banquete parisiense. Mais tarde no programa,

---

13. Claude Pompidou, mulher do então presidente Georges Pompidou. (N.T.)

o pianista volta ao palco com Augustin Dumay para tocar o segundo movimento da *Sonata em lá maior* de César Franck. É o momento propaganda, pois os dois a tocarão na sala Gaveau, no dia 24 de novembro. Esplêndida peça musical. Depois, todos falam com afetação. Menos Nelson Freire, de quem são arrancadas apenas duas palavras. É verdade que ele não gosta de falar, mas o melhor entrevistador da França não chega nem a tentar.

Em 1990, Jacques Martin apresenta seu grande show dominical *Le Monde est à vous*: "Ao vivo do Théâtre de l'Empire, *nós somos* 351 artistas no palco". O apresentador nunca deixa de lembrar que não é um simples intermediário. A boa caridade começa por ele mesmo, aliás, pois Jacques Martin cantava regularmente em seu próprio palco. Entre a cantora Patachou e o grupo La Bande à Basile, "sob vossos aplausos", ele convida os holofotes a pousarem sobre "um imenso artista". Acompanhado por músicos de Versalhes, cuja virtuosidade lembra a fanfarra de Maubeuge, Nelson Freire toca um trecho (medo da emissora de que os espectadores zapeiem) do *Finale* do *Concerto n. 4* de Beethoven. O objetivo é divulgar o concerto que acontecerá no auditório Les Halles em breve. O dilúvio de hipérboles parece desculpar a mediocridade da captação de som.

No mesmo ano, no programa *Musicales*, do canal France 3, Alain Duault faz uma entrevista com René Martin – que não se faz de rogado –, para passar o tempo até a transmissão de um movimento do *Concerto n. 1* de Liszt com a Orquestra de Budapeste no festival de La Grange de Meslay, que acontece na Touraine. Em agosto de 1993, durante o jornal das 13h, no canal Antenne 2, Monique Atlan menciona secamente o *Concerto* de Schumann tocado por um certo Nelson Freire.

Em julho de 2000, ao fim do jornal das 20h do canal France 2, Michel Mompontet usa suas melhores palavras para elogiar Lisa Leonskaja e Nelson Freire. Eles ensaiam e tocam sob a concha do Festival de La Roque d'Anthéron, que festeja seu vigésimo aniversário. Vemos Nelson descansando na piscina e Nikolai Lugansky cumprimentando-o com emoção depois do concerto. (Isso é que é imagem!) Mas o nome de Brahms nunca é mencionado, embora sua música orne a prosa florida do jornalista.

Em 2001, matéria com "Pascal", de quinze anos, fã de Nelson Freire e virador de páginas no festival Folle Journée.

(Que ângulo incrível, c...!) O simpático garoto é incansável em sua paixão e em seu devotamento. Ouvimos o pianista tocar ao longe uma melodia que lembra o *Concerto n. 2* de Rachmaninoff.

No início dos anos 2000, no programa *Toute la musique qu'ils aiment*, Alain Duault pergunta ao acadêmico Pierre-Jean Rémy sobre seus gostos musicais. A conversa nos permite ouvir a *Fantasia em dó* de Schumann, por Nelson Freire, gravada no Festival Piano aux Jacobins, em Toulouse, sem que o escritor mencione o compositor ou o pianista. Para diminuir as despesas de deslocamento das equipes, ouviremos outros convidados célebres anunciarem seus gostos, ilustrados pelo mesmo pianista, durante o mesmo concerto: *Arabesque* de Schumann, *Soirées de Grenade*, *Poissons d'or* de Debussy, de equilíbrio miraculoso, *Barcarola* e *Scherzo n. 4* de Chopin, de toque aéreo...

Em 2003, no Théâtre du Châtelet, para a cerimônia de dez anos do prêmio Les Victoires de la Musique, são reunidos nada menos que Cecilia Bartoli, Gérard Depardieu, Natalie Dessay, Renaud Capuçon, Michel Blanc, Roberto Alagna,

Myung Whun Chung, Rolando Villazón, Patricia Petibon, Marc Minkowski... Brigitte Engerer pega o tão cobiçado troféu de solista instrumental do ano para entregá-lo a um dos três nomeados. Quem é o eleito? Nelson Freire, pelo CD *Chopin*, da gravadora Decca. A capa está coberta de adesivos dos mais altos prêmios discográficos.

O brasileiro se dá ao luxo de não participar daquela balbúrdia congratulatória, pois toca naquela mesma noite em Zurique. Superando sua repugnância de falar, ele diz algumas palavras a uma "câmera-gravador" enviada ao local. Palavras simples e verdadeiras. Ele está muito feliz, comovido com aquele sucesso. O disco e a acolhida entusiasmada ao lançamento são o melhor presente que ele poderia receber. O tom é sincero. Enquanto Martha Argerich se sente pouco tocada pelas homenagens, Nelson fica comovido ao receber uma distinção. Ele não faz nada para obter medalhas ou homenagens, mas sempre se envaidece, como um aluno recebendo uma distinção ao fim do ano escolar.

Anos 1970

Com seu toque suave, a paleta de cores, o toque límpido e melodioso e o "furacão de potência" sem rigidez, Nelson Freire encanta cada vez mais os amantes do piano. Sua fidelidade à partitura, o cuidado infinito colocado na clareza e na precisão da articulação (os anos vienenses não foram perdidos) e a prodigiosa variedade no uso dos pedais lhe garantem o reconhecimento dos músicos autênticos. Gravado em 1970–1971 para a CBS, seu disco dos *Prelúdios* de Chopin recebe o prêmio Edison. A cerimônia holandesa premia todos os anos as produções excepcionais da indústria fonográfica. Sarah Vaughan, Marlene Dietrich, Vladimir Horowitz, Igor Stravinsky, Miles Davis e os Beatles já receberam a preciosa estatueta.

Em Munique, Nelson toca a *Introdução e Concerto Allegro op. 134*, uma das últimas obras de Schumann, dedicada ao jovem Brahms, com a Orquestra Sinfônica da Rádio Bávara regida por Reinhard Peters. Ele se faz notar pelos entusiastas do virtuosismo tocando com uma elegância desconcertante e um refinamento sedoso as *Metamorfoses sinfônicas* de Godowski sobre temas de *O morcego*, de Johann Strauss. Ele as gravará em novembro de 1972 num disco fenomenal. A pirotecnia em si não interessa a Nelson Freire, mas suas habilidades e seus gostos lhe permitem disparar fogos de artifício de um trem em alta velocidade e nunca deixar de fazer música. Ele tem a mesma naturalidade de Guiomar Novaes tocando *Ständchen* de Richard Strauss "complexificado" por Godowski, o homem que tornou os *Estudos* de Chopin ainda mais difíceis. Ou dos Liszt do jovem Horowitz e das transcrições de Rachmaninoff por Moiseiwitsch. A beleza desse repertório (ainda pouco valorizado) reside na magia. A perfeição surge quando ele parece uma brincadeira de criança e o medo de cair desaparece por trás do sorriso do acrobata.

Em 1970, antes de um concerto, Nelson tem a surpresa de ver Tom Jobim chegar em seu camarim. Embora sejam praticamente vizinhos em Ipanema, é a primeira vez que se encontram. O pai da bossa nova é dezessete anos mais velho do que Nelson. Tom convida o virtuose a ir até a sua casa para ouvir suas novas composições. Os dois compartilham uma admiração pelas cantoras brasileiras: Maria Bethânia, Gal Costa, Elis Regina, Olga Coelho...

Em 1971, Nelson dá um concerto a dois pianos com Antonio Guedes Barbosa em prol da Sociedade Beneficente Israelita do Rio de Janeiro. No programa: Rachmaninoff, Mignone, Mozart e Ravel. Eles repetem a experiência em 1977, em prol da Liga Feminina Israelita do Brasil. Antonio Guedes Barbosa é da mesma geração de Nelson Freire. São amigos desde a adolescência e foram inclusive amantes. Natural de João Pessoa, Antonio estudara com Claudio Arrau, que o tinha em grande estima. É considerado um dos melhores intérpretes de Chopin. Reputação legítima, a julgar pelos vídeos postados no YouTube. Ele morrerá prematuramente aos 49 anos.

A associação entre os dois prova que Nelson Freire não se limita às parcerias femininas, e que ambos sabem superar as inevitáveis rivalidades atiçadas por seus respectivos círculos. Isso não acontece na relação com Roberto Szidon (1941–2011), pianista natural de Porto Alegre, também discípulo de Claudio Arrau, estabelecido na Alemanha, especialista nas sonatas de Scriabin e nas *Rapsódias húngaras* de Liszt. Embora nunca se rebaixe a criticá-lo, Nelson se fecha ao ouvir seu nome ser pronunciado. A semelhança física entre os dois homens talvez tenha provocado confusões e comparações inoportunas. A não ser que algum mexerico o tenha ofendido.

No início dos anos 1970, Nelson se encontra com Martha em Nova York. Ele lhe apresenta Guiomar Novaes. Sua ídola. Não a de Martha, que no entanto a admira bastante. Martha se lembra de uma observação da pianista brasileira: "Você tem uma sonoridade sugestiva". Há elogios melhores, mas Novaes mirou no coração, enquanto artista, em vez de se ater às eternas observações sobre as oitavas, a potência ou a velocidade de

Argerich. Nelson tem uma lembrança muito mais tensa desse encontro. Não é fácil apresentar duas feras ou tentar a aproximação de dois ícones. Além disso, Guiomar Novaes chega uma hora atrasada ao encontro. Embora Nelson e Martha falem uma língua que lhes é própria, mistura de espanhol e português (um "portunhol" ou "espanguês"), as duas mulheres não conseguem se entender. Preso entre as duas, Nelson faz o papel de intérprete. "Que pianistas ela admira?", pergunta Guiomar. Nelson traduz a pergunta. "Horowitz, Gulda", responde Martha. "Horowitz, Gulda", repete Nelson nervosamente. Tentando ser amável, Martha acrescenta: "Diga que ela também". Sem esperar a tradução, a brasileira pergunta, desconfiada: "Onde ela me ouviu tocar?". Martha: "Em disco". E Guiomar, encerrando a conversa: "Pff! Em disco não conta".

Em Nova York, Nelson conhece uma grande virtuose brasileira, cantora e violonista, nascida em 1909 em Salvador e que viverá cem anos: Olga Praguer Coelho. Criança prodígio, ela canta músicas folclóricas e se acompanha ao violão. Casa-se com o poeta Gaspar Coelho aos 22 anos. Representante oficial da música brasileira, Olga tem o privilégio de viajar a bordo de um Graf Zeppelin. Em 1938, ela é convidada para tocar na Casa Branca. Em 1944, apresenta o primeiro recital de violão do Carnegie Hall. Sem se divorciar, ela será companheira por vinte anos do guitarrista Andrés Segovia, com quem teve dois filhos. Olga canta numa voz pura e sedosa, com notas longas e aéreas, num timbre elegante. A artista perderá toda a sua fortuna e morrerá quase miserável.

Nelson Freire se lembra dela como "a pessoa mais divertida que conheci na vida". Dotada de uma eloquência inesgotável, ela conta histórias inverossímeis que fazem seus convidados chorarem de rir. Olga Praguer Coelho mora no mesmo prédio de Guiomar Novaes e Vladimir Horowitz. Mistura de hippie e aristocrata, ela se sente tão à vontade numa recepção do rei da Espanha quanto dividindo uma tigela de sopa com um porteiro de hotel. Pratica seu instrumento dentro da banheira (pela reverberação), enquanto assiste à televisão. Ela toma banho de chuveiro com seus vestidos de baile. Martha gosta muito dela. Nelson a adora. É uma das heroínas de sua vida. Depois de Nise, Guiomar e Martha, ele só tem "Olga" nos lábios.

Turbilhão

Dessa época data a estreia de Nelson com a Orquestra Filarmônica de Nova York sob a direção do maestro espanhol Rafael Frühbeck de Burgos. Jovens virtuoses de vasto repertório são chamados prioritariamente em casos de cancelamentos. Assim, nosso "salva-vidas" substitui Jeanne-Marie Darré (doente) no *Concerto n. 4* de Rachmaninoff, obra difícil e pouco interessante para o público. Nelson o toca cinco vezes em seis dias. No sábado, ele também tem um recital previsto há tempo. No fim da tarde, ele sai correndo do Avery Fisher Hall, entra numa limusine (ainda de fraque) e sobe de novo no palco em Long Island, no início da noite, para tocar Bach, Beethoven, Chopin, Liszt e Villa--Lobos. Nova aposta, novo triunfo.

Programado para tocar o *Concerto n. 1* de Tchaikovski na Europa, ele passa algum tempo na Suíça na casa dos amigos Raymond e Raymonde Flückiger, que o recebem em seu castelo. Raymonde pilota aviões. É a bordo de um de seus teco-tecos que ela fará sua última viagem, aliás. Nelson encontra a petulante Lyl, que se casara com Martin Tiempo e está grávida de Sergio. Ela nunca se esquecerá dos pontapés do filho, no tempo certo, quando Nelson toca o *Concerto n. 1* de Tchaikovski. A amizade tem início no líquido amniótico, pois Sergio e Nelson permanecerão misteriosamente conectados. Os Flückiger organizam grandes jantares, em que encomendam pratos de um restaurante vizinho. Nelson gosta muito deles. Os encontros sempre são animados e alegres, amigos os visitam ao longo das noites. Ele reencontra o espírito livre e colorido das festas brasileiras.

Nelson com frequência está acompanhado por suas últimas conquistas amorosas. Tem paixões sucessivas por rapazes muito bonitos e mais jovens que ele. Um certo Valdir compartilha sua vida por algum tempo. Depois ele se apaixona por um lindo inglês. Esses amores são intensos, exigentes, mas nunca duram. O encontro com Alexis Weissenberg é fulminante. Os dois pianistas passam dois dias inteiros num quarto de hotel sem colocar o nariz para fora.

França

Em 1972, ele dá seu primeiro recital na França, sob a égide dos concertos Piano 4 Étoiles. Dotado de um faro excepcional, André Furno o convida para tocar no anfiteatro da universidade Panthéon-Assas. Furno é um dos raros organizadores a lhe dar carta branca na escolha do repertório. No programa: *Sonata n. 11* de Mozart, *Sonata n. 3* de Chopin, *Papillons* de Schumann, *Soirée dans Grenada*, *Reflets dans l'eau*, *Poissons d'or* de Debussy e *Mephisto Waltz* de Liszt. O público é escasso. Mas André Furno acredita em Nelson. Um virtuose capaz de passar de um universo a outro com tanta precisão estilística não é nada comum.

Em dezembro do mesmo ano, o produtor parisiense aluga o Théâtre des Champs-Élysées e começa a divulgar os concertos. Os menos de cem ingressos vendidos para o recital Chopin e Liszt de Nelson não abalam sua determinação. No ano seguinte, será Beethoven, Brahms (*Sonata n. 3*), Debussy, Villa-Lobos e Schumann (*Carnaval*) no Théâtre des Champs-Élysées em junho, depois Bach, Beethoven (*Sonata n. 21*), Chopin (*Barcarola, Balada n. 4, Berceuse*), Debussy e Liszt, em novembro, na universidade Assas, depois um recital Schumann (*Fantasia...*) e Liszt (*Funérailles*) em maio de 1974. Cinco recitais em dois anos! A receita sempre é deficitária, mas uma relação de confiança se consolida e uma amizade indefectível se forma.

Nelson se apaixona por Youra Guller, que é uma espécie de Rita Hayworth do piano. Seu amigo Louis Mayer (da Metro-Goldwyn), aliás, sugeriu que ela substituísse Greta Garbo num filme. Uma fotografia mostra os dois pianistas dançando bochecha contra bochecha e mão na mão. Artista genial, judia e russo-romena, nascida em Marselha, amiga de Clara Haskil, adulada por Cortot, estimada por Horowitz, Guller tivera um início de carreira brilhante antes de decidir aprender a dançar flamenco e viajar para a China. Ela passa a guerra na casa da condessa Pastré, que a protege de Vichy e dos nazistas em sua propriedade provençal. Seu retorno aos palcos acontece aos poucos. Ela toca em Genebra com Ansermet, em Paris com Ingelbrecht e faz sua estreia no Carnegie Hall aos 76 anos.

Nelson nunca esquece que Guiomar Novaes e Youra Guller tocaram a dois pianos em Paris, durante a juventude (*Variações sobre um tema de Beethoven*, de Saint-Saëns). Logo depois do *Concerto n. 4* de Beethoven, por Guiomar, e logo antes do *Concerto n. 21* de Mozart, por Youra. Ele teria pagado qualquer coisa para assistir a esse concerto.

Nelson e Martha ajudam Youra Guller, que está sem dinheiro depois de ter vivido de maneira livre e extravagante. Uma noite, Nelson surpreende Youra fazendo um striptease na frente do espelho. Ela tem quase oitenta anos.

Nelson Freire também faz amizade com o pianista Rafael Orozco, amigo de Alexis Weissenberg. Injustamente esquecido nos dias de hoje, o pianista andaluz, primeiro lugar no concurso de Leeds, grava uma versão de referência dos concertos de Rachmaninoff com Edo de Waart. Seus discos dedicados a Chopin e Albéniz revelam uma interpretação potente e sensível. No início, ele é representado pelo escritório de concertos Glotz sem grande resultado, para grande desgosto de Juanita Argerich, que faz de tudo para torná-lo conhecido. Pouco a pouco, é convidado pelas grandes orquestras: Viena, Berlim, Nova York, Chicago, Filadélfia, Cleveland... Orozco morre de aids aos cinquenta anos.

Radio Days

Em 1973, Nelson Freire grava um recital Chopin para a Telefunken (*Balada n. 3, Berceuse, Scherzo n. 1, Noturnos, Polonaise, Fantaisie*). Em outubro de 1974, ele toca o *Concerto n. 1* de Prokofiev com a Orquestra da Rádio Bávara regida por Yuri Ahronovitch. A gravação será retomada no álbum *Radio*

Days, cujo título, tomado de Woody Allen, evoca as transmissões radiofônicas que acompanham sua carreira (e aumentam seu estresse), bem como sua paixão pelo cinema. Nelson Freire conhece de cor todos os filmes *noir* americanos dos anos 1940 e 1950. Para além dessa época de ouro, sua curiosidade diminui. Robert Aldrich, sim. Antonioni ou Bresson, bem menos. Ele conhece Murnau, Satyajit Ray, Kurosawa, Kaurismäki e Alain Resnais? Ele se interessa por suas obras? Não sabemos. Nelson não é um cinéfilo no sentido completo do termo, ele gosta de um certo período do cinema, mistura de glamour hollywoodiano, humor e emoções fortes. Permanece apegado ao cinema de sua juventude. Boas histórias, bons atores e uma caprichada fotografia em preto e branco.

Nos anos 1970, a família Tiempo vai ao Rio de Janeiro passar o réveillon na casa de Nelson. Na cozinha, verdadeiras iguarias são preparadas. Nelson fica orgulhoso de oferecer um banquete aos amigos. Mas, enquanto eles tomam o aperitivo no jardim, seus cachorros invadem a cozinha e comem o jantar, para desespero do pianista e decepção dos convidados, que vão embora de barriga vazia. Annie Dutoit, filha de Martha e Charles Dutoit, também se lembra dos boxers enormes que babavam por tudo e soltavam peidos sonoros, para grande diversão do dono da casa. Cachorrões assustadores, mas nada bravos. Nelson gosta de rolar no tapete com eles e tocar em suas companhias. Às vezes ele grita "Barata!" e os animais chegam correndo enlouquecidos, cheirando tudo e enchendo os móveis de baba.

Coração

Em 1976, Nelson grava o *Scherzo n. 1* de Chopin para a Teldec. No ano seguinte, serão os quatro scherzos para a Telefunken. A marca alemã o convida a gravar os noturnos de Chopin na íntegra; ele hesita, grava uma dezena e desiste. Essa decisão revela sua honestidade fundamental: ele não gosta de todos os noturnos e se confessa incapaz de fingir gostar. Na época, sente repulsa por obras na íntegra, seja em disco ou em recital. Ele é um poeta, não um maratonista. A aventura com o selo berlinense chega ao fim.

No Rio, sua amiga Helena Floresta lhe fala de Antônio Meneses, um jovem violoncelista de Recife, capital de Pernambuco, onde cresce a famosa madeira utilizada para fazer arcos. A tia de Helena tinha sido sua professora antes de Meneses conhecer o violoncelista italiano Antonio Janigro e receber uma bolsa para estudar com ele na Alemanha. Ele veio ao país para ver a família e não tinha dinheiro para voltar à Europa. Helena encontrou um teatro para que Antônio Meneses se apresentasse em público e conseguisse pagar a passagem de avião, mas nenhum dos pianistas contactados aceitou tocar de graça.

Além de aceitar na mesma hora (e os ingressos serem todos vendidos em menos de um dia), Nelson dá outro presente ao violoncelista. Contratado para tocar num palacete em São Paulo, num recital privado para as maiores fortunas da cidade, ele exige dividir o palco e o cachê com o jovem colega.

Helena fica comovida com a generosidade de Nelson, ainda mais notável porque discreta. Ele é o contrário dos músicos que acompanham seus gestos de solidariedade com um comunicado à imprensa. Além disso, ela nunca o verá pedir um ingresso de graça e sempre se espantará ao vê-lo na fila para comprar um lugar nos concertos.

Em 1977, Nelson adquire um segundo piano de cauda em Berlim. Ele consegue levá-lo ao Brasil sem pagar taxas graças a uma autorização especial do governo brasileiro. O mesmo favor foi concedido a Pelé quando o jogador ganhou um Mercedes na Alemanha. O generoso gesto deixa Nelson menos satisfeito do que o fato de ser colocado pela administração fiscal no mesmo plano que o rei dos estádios.

Horowitz e Rubinstein

Em 8 de janeiro de 1978, Nelson Freire vai ao Carnegie Hall com Martha Argerich para ouvir o concerto de jubileu de Vladimir Horowitz. Para festejar sua estreia americana cinquenta anos antes, o pianista ucraniano toca o *Concerto n. 3* de Rachmaninoff com a Orquestra Filarmônica de Nova York regida por Eugen Ormandy. A crítica fica dividida (como sempre com Horowitz), mas Nelson se empolga: "É verdade que não tocou todas as notas, mas manteve as mais bonitas!". Embora a técnica não seja a mesma da estreia, o toque e o pedal permanecem soberanos. "Se alguém encostasse em suas costas, depois do *Finale*, morreria eletrocutado." Nelson sempre elogiará o gênio de Horowitz. E inclusive suas entrevistas, pois nelas se revela engraçado, inteligente, inesperado. "Ele é o único que nunca é tedioso, no piano ou na frente de um microfone."

No mesmo ano, Martha toca no Brasil com Rostropovitch. Grande alegria e nova briga, que não dura. Seu jeito diva de ser uma antiestrela às vezes irrita Nelson. Ela às vezes é ríspida, ele, hipersensível. As relações humanas não são menos complicadas entre os gênios. Mas os dois se amam profundamente.

Durante a temporada de 1978, Martha Argerich toca o *Concerto n. 3* de Rachmaninoff sob a regência de Rostropovitch em Paris. Arthur Rubinstein vai ouvi-los. Ele já conhecera a pianista na Holanda e lhe diz: "Você me faz pensar em Horowitz".[14] Ele fica fascinado e a convida para almoçar: "Venha também!", diz Martha a Nelson. Os dois amigos se encontram na praça da Avenue Foch no dia seguinte ao meio-dia.

Nelson sente uma sincera admiração por Rubinstein. Eles são da mesma família estética. Compartilham do mesmo amor por Brahms e Chopin. Nelson não esquece que Rubinstein defendera a música de Villa-Lobos – que lhe dedicara o *Rudepoema* em sinal de gratidão – e tocara *Prole do bebê* em todos os continentes. As duas mulheres de Rubinstein estão presentes: a polonesa Aniela e a americana Annabelle. Para incomodar a segunda, Aniela fala com o marido em polonês. Os pianistas riem por dentro. No cardápio: caviar, champanhe, galinha d'angola, *fraisier*...

Rubinstein se vira para Nelson: "Você é o único que ainda não ouvi tocar". Ele aponta para o meio da sala, onde reina o Steinway oferecido pelo Estado de Israel. O brasileiro não se faz de rogado. Ele começa com o *Prelúdio op. 32 n. 12* de Rachmaninoff. Segue com o *Carnaval* de Schumann. Como hesita em continuar depois do preâmbulo, Rubinstein o encoraja a continuar e suplica, juntando as mãos: "Mais! Mais!".

---

14. Olivier Bellamy, *Martha Argerich. L'enfant et les sortilèges* (Paris, Buchet/Chastel, 2010). (N.A.)

Seguem-se noturnos de Chopin e peças de Villa-Lobos. Nelson toca a tarde toda sem que Rubinstein manifeste o menor sinal de cansaço. Ele tem 91 anos, está quase cego, mas seu coração é o de um jovem. Depois desse recital improvisado, ele bombardeia Nelson com perguntas: "Como vai o querido Heitor?" (Villa-Lobos). "E Francisco?" (Mignone). Nelson fica fascinado. Ele conhece intimamente todos os compositores brasileiros.

Brilhaturas

Em abril de 1979, Nelson grava a *Rapsódia n. 10* de Liszt (especialidade de Guiomar Novaes) com uma vivacidade que lembra a de sua gloriosa compatriota. Martha, por sua vez, seguirá os passos de Horowitz, gravando uma assombrosa versão da *Rapsódia n. 6* de Liszt. Horowitz ficará tão admirado que fará seus convidados ouvirem o disco de Argerich, deixando que acreditem que é ele quem toca, pela simples curiosidade de observar suas reações.

Em novembro de 1979, Nelson toca o *Concerto n. 3* de Rachmaninoff, carro-chefe de Horowitz, com a Orquestra do Concertgebouw de Amsterdã, em turnê em Rotterdã, sob a regência de David Zinman, um de seus maestros preferidos. No mês seguinte, ele vai para Munique para o *Concerto n. 2* de Liszt com a Orquestra da Rádio Bávara, sob a regência de um brilhante compatriota. Compositor e maestro, Eleazar de Carvalho fora assistente de Koussevitzky junto com Bernstein e depois tornou-se diretor musical das melhores orquestras de Rio de Janeiro e São Paulo, e mais tarde professor na Juilliard School de Nova York.

Anos 1980

De volta ao Brasil, Nelson vai ouvir Shura Cherkassky e o convida para almoçar. Quando dois pianistas se encontram, de que eles falam? Nelson pergunta ao russo sobre Josef Hofmann, que fora seu professor, e sobre Rachmaninoff, que ele conhecera bem. Cherkassky, por sua vez, quer saber acima de tudo onde encontrar rapazes e se isso não é perigoso.

De passagem por Belém do Pará, a cidade das mangueiras, para um concerto, Nelson vê um adolescente correr em sua direção durante o ensaio. Surpreso e fascinado com aquele estudante mais nervoso que uma corça e mais tagarela que uma caturrita, Nelson passa o dia com ele e o convida para o concerto. Na cidade com o nome em homenagem à cidade palestina de Belém, Alberto Nicolau da Costa vê surgir o Messias? Ele jura a um amigo que telefonará para Nelson e voltará a vê-lo. Alguns meses depois, o jovem de dezessete anos coloca seu plano em execução e viaja para o Rio para se encontrar com o pianista. E não irá mais embora. Ele o acompanha à Europa e lhe faz companhia. Amigos e amantes, eles se tornam inseparáveis. A época é libertária, helênica, a diferença de idade não choca. "Fui em parte educado por ele", diz Alberto.

Eles moram por um tempo em Londres, na casa de Lyl e Martin Tiempo. Eles tocam piano, ouvem discos, riem, conversam bastante, bebem, trabalham e se divertem. Ficam algum tempo em Bougival, na casa do violoncelista Mischa Maisky, com quem Nelson dá alguns recitais, e tentam se estabelecer. Na mesma época, Nise Obino se divorcia do marido e se aposenta. Ela vai ao encontro de Nelson na Europa e o duo se torna um trio. Eles começam a procurar um lugar para viver. Onde? Nelson pensa em Berlim, mas o ex-marido de Nise era alemão e ela desenvolveu uma repulsa por esse país. Ele consulta os pequenos anúncios do *Figaro* e encontra uma casa para alugar em Chartrettes, perto de Melun, 65 quilômetros a sudeste de Paris. Nelson começa a gostar da vida no campo. Alberto o acompanha em seus concertos. Quando eles voltam, Nise e Nelson conversam até o amanhecer.

Um dia, Nelson diz a Alberto: "Ouça, amo você como um filho. Já não podemos ficar juntos". Cada um recupera sua liberdade, mas eles seguem vivendo juntos, com outras regras. Em 1982, Nelson compra uma pequena casa em Bois-le-Roi, também no departamento de Seine-et-Marne. Por conveniência, ele adquire um apartamento no Marais, em Paris. No número 13 da Rue Ferdinand Duval, no andar térreo, com espaço para um piano de parede e um colchão. Um "ninho de rato", segundo Alberto, que aluga um apartamento mais iluminado e mais espaçoso num andar superior. O jovem estuda piano, mas tem dificuldade de conseguir recitais.

Sempre desejosa de ajudar o mundo todo, Juanita Argerich lhe pergunta se ele tem outra carta na manga. Alberto responde que às vezes pinta. "Me mostre." Sem perder tempo, a mãe de Martha marca um encontro com um pintor renomado e lhe pergunta se o rapaz tem talento. Resposta afirmativa. Alberto pega os pincéis e monta um cavalete no meio da sala. Paisagens coloridas, naifs e extravagantes logo ornarão as paredes de seu quarto, e o sucesso acabará chegando. Hoje ele é um artista reconhecido. Enquanto "Cézanne pinta", Nelson passa seu tempo ao piano. Ele adora estudar. Ao contrário de Martha.

Estados de espírito

Sua carreira tem altos e baixos. Nelson toca com grandes orquestras, em salas prestigiosas, mas de maneira irregular. Ele diz que isso lhe convém. O público é mais ou menos fiel. Os concertos com orquestra funcionam bem, ele goza da estima dos músicos e obtém um sucesso merecido. Os recitais, porém, não conseguem encher as salas. Na série de concertos Piano 4 Étoiles, ele dá um único recital durante os anos 1980 e 1990. Nelson toca Chopin e Debussy no Théâtre des Champs-Élysées para uma plateia esparsa. Ele está ali porque aceitou um convite, mas alguma coisa resiste sem que se saiba direito o quê. Em 1981, ele toca os *Estudos sinfônicos* de Schumann no programa de Jean-Michel Damian na emissora France Musique. Em 1984, de novo Chopin no Théâtre des Champs-Élysées.

Nelson Freire ainda não é uma estrela. Ele é apenas um grande artista. Passar o tempo em aeroportos, quartos de hotel e precisar responder sempre às mesmas perguntas lhe parece um caminho lamentável em direção à música. A perspectiva de dividir uma boa refeição com amigos e ouvir um bom disco degustando um ótimo vinho parece diverti-lo mais do que percorrer o mundo. Se não temos tempo para viver, não temos mais nada a oferecer ao público, ele acredita.

E ele não agrada a todos. Nelson nunca toca com a Orquestra de Paris, por exemplo. Daniel Barenboim, que com frequência convida a compatriota Martha Argerich, nunca fará um gesto em sua direção. Nelson não se queixa. Em contrapartida, seus amigos se irritam com seu relativo purgatório em alguns lugares. Uma noite, em Caracas, Nelson bebe um pouco além da conta e sai de sua reserva. "Me diga o que está acontecendo comigo", ele pergunta bruscamente a Lyl Tiempo. "Como assim?", quer saber a amiga. "Você sabe, minha carreira, é estranho, não?" Ele se sente respeitado, mas não amado. Os dois conversam por uma boa parte da noite. Por que Martha desperta tanto fascínio no público? Por que ela é solicitada em toda parte e ele não? "Enfim, o que ela tem que eu não tenho? Me diga!"

Assim como o amor, a carreira é um mistério. A parte racional age menos que a grande parte irracional. Existem amores à primeira vista que não pensam no amanhã, longos relacionamentos tranquilos e fiéis, paixões tardias depois de anos de indiferença. Existem artistas de quem gostamos imediatamente e aqueles que se revelam com o passar dos anos. Ninguém é senhor do tempo. Há aqueles cuja personalidade fascina tanto quanto a maneira de tocar e aqueles que admiramos por sua arte. De resto, a histeria em torno da pessoa de Martha é um dos motivos que a levarão a parar de dar recitais sozinha. Se Nelson às vezes invejou a atração despertada por sua amiga sobre o público, ela de bom grado aceitaria inverter os papéis.

Sabendo que Nelson não obtém o sucesso que seu talento merece, Martha Argerich faz de tudo para ajudar o amigo. Quando a Philips lhe pede autorização para comercializar a gravação do *Concerto n. 1* de Tchaikovski apresentado em Munique sob a regência de Kirill Kondrashin, ela responde: "Desde que eu possa gravar um recital com Nelson Freire". Em 1982, eles viajam para La Chaux-de-Fonds para gravar um primeiro disco a dois que se tornará mítico. No programa: *Suíte n. 2*, de Rachmaninoff, *Variações sobre um tema de Paganini* de Lutoslawski e *La Valse* de Ravel. A capa do disco mostra os dois frente a frente, de perfil, em plano americano, com uma mão no quadril e a outra no piano, como dois toureiros prontos para entrar na arena ou para tirar a roupa com selvageria. A fotografia será julgada sugestiva demais na edição francesa, espantosamente pudica, no início dos anos Mitterrand.

Rio

Em 1983, Nelson adquire uma casa situada na zona oeste do Rio de Janeiro, no Joá, bairro chique dominado pela pedra da Gávea. Ele pode tocar, receber amigos e estar próximo da natureza. Pouco a pouco, algumas obras são feitas na casa: canil, terraço, piscina, bangalôs. Quase sempre lideradas pelo amigo que compartilha de sua vida e cujas "manias de grandeza" ele amaldiçoa. Nelson nunca perderá seus gostos simples e modestos. Em 2003, porém, ele manda construir um estúdio voltado para o mar, para poder tocar isoladamente. O que não o impede de utilizar os dois pianos da sala.

Um dia, ele toca o movimento lento de uma sonata de Mozart. Ao erguer os olhos, vê um operário em lágrimas. Fica preocupado. Está ferido? O outro balança a cabeça: "É tão bonito". Nelson se lembrará desse momento e sempre preferirá levar a música a vilarejos para pessoas simples do que às grandes salas, onde o público é muito mimado e pouco espontâneo.

Vários amigos o visitam na casa do Joá. Eles passam as noites bebendo caipirinha e ouvindo Guiomar Novaes até as seis horas da manhã. "Não saíamos de casa", conta Lyl Tiempo. "Nunca fomos à praia. Nelson ficava feliz de nos manter a seu redor." Uma única vez o grupo saiu para comer milho e beber água de coco em Copacabana, antes de voltar para casa e repassar os discos de Horowitz relaxando à beira da piscina.

Na época, Martha se estabelece numa grande casa em Genebra, na Rue Jules-Crosnier, com as duas filhas. Uma delas, Annie, se lembra dos telefonemas a qualquer hora. Certa noite, ela atende o telefone. Do outro lado, suspiros e estertores sexuais. De repente, uma enorme gargalhada. É Nelson, que se diverte passando trotes do Rio de Janeiro. Outra noite, ela é acordada às quatro horas da manhã por batidas à porta, toques de campainha e gritos. Sonolenta, se levanta e se depara com Nelson e a mãe dela rindo às lágrimas. Eles tinham abusado da vodca e não conseguiam colocar a chave na fechadura.

Em 1980, eles se apresentam pela segunda vez a dois pianos, em Amsterdã. Essa vez é a boa. O duo é impressionante e diferente. Eles parecem gêmeos. Dois lobos, como Siegmund e Sieglinde,[15] com um coração para dois corpos. Eles se entendem instintivamente, adivinham um ao outro e tocam como um só artista. Fugindo da rotina sem comprometer a música.

Canadá

Em 1984, acontece o famoso concerto de Toronto. No sábado, 23 de março, Nelson Freire desembarca na cidade depois de um voo de oito horas. Ele é informado de que o concerto previsto para a noite de segunda-feira fora transferido para a tarde de domingo. Escolhe

---

15. Os gêmeos incestuosos pais de Siegfried, da ópera *A valquíria*, de Richard Wagner. (N.T.)

um piano dos três que lhe são apresentados e vai dormir. No dia seguinte, 2500 espectadores o esperam na sala Roy Thomson. Além disso, milhares de canadenses o ouvem ao vivo em seus aparelhos de rádio. Embora a pressão seja enorme e ele tenha tido pouco tempo para ensaiar, o pianista se entrega de corpo e alma e apresenta um concerto extraordinário. No programa: *Sonata em fá maior K 332* de Mozart, *Fantasia op. 17* de Schumann, *Sonata n. 4* de Scriabin, *Reflets dans l'eau* e *Poissons d'or* de Debussy, *A lenda do caboclo* e *As três Marias* de Villa-Lobos, *Evocación* e *Navarra* de Albéniz. A gravação será comercializada dez anos depois pelo selo Alphée. Uma parte será retomada no álbum *Great Pianists of the 20th Century*. No final daquele ano de 1984, Nelson grava uma antologia Chopin para a Audiofon, com impromptus e mazurcas.

Paris

Em 1985, entra em cena Manoel Bragheroli, um brasileiro jovem e bonito que estuda ciências econômicas em Paris e toca piano como amador. Ele vai ouvir Nelson na sala Gaveau e se apresenta ao solista ao fim do concerto. Pelos próximos dois anos, eles vão se ver quase diariamente. Manoel às vezes acompanha Nelson em viagens. Ele assiste à sua primeira *Burleske* de Richard Strauss em Baden-Baden, uma obra difícil e pouco eficaz junto ao público. Manoel hoje é arquiteto e mora em São Paulo com o companheiro. Assim como Alberto Nicolau da Costa, ele faz parte do primeiro círculo de amigos do pianista. Em 1985, Nelson assiste com Martha ao famoso concerto de Horowitz no Théâtre des Champs-Élysées. O russo não voltava a Paris havia mais de trinta anos, devido a um artigo de

Clarendon no *Le Figaro* que terminava da seguinte forma: "Horowitz talvez seja único, mas não está só". Os lugares são disputados a preço de ouro no mercado negro. Todos os membros da classe pianística francesa e europeia acorrem à sala.

É preciso, em algum momento, mencionar uma coisa: Nelson Freire tem uma reputação de "sovina" (Horowitz também), em parte justificada. Ele é de natureza generosa, mas às vezes é pão-duro. No Brasil, esse senso da economia é proverbialmente atribuído aos mineiros; eles sofrem do mesmo preconceito que os naturais do Auvergnat, são considerados avarentos. O contrário da prodigalidade dos cariocas ou da abundância dos paulistas. Nos restaurantes de Belo Horizonte, é mais comum cada um pagar sua conta do que o mais abastado pagar para todos. O dinheiro muitas vezes será fonte de preocupação para Nelson, mas ele não é mesquinho. Quando um organizador lhe pede para ceder parte de seu cachê, ele aceita sem pestanejar, mas, ao tomar um café com os amigos, nem sempre tem o reflexo de pagar a conta. A relação de cada um com o dinheiro é complexa demais para se ater a clichês. A propósito, por que esperar que ele pague sistematicamente para todos? Um altruísmo de fachada pode esconder muito cálculo. Uma conta modesta paga com jactância permite transformar em devedor aquele cujos favores no fundo se busca. Por outro lado, o homem sensato verá seu rigor chamado de mesquinharia, embora esteja disposto a abrir a carteira em caso de necessidade real e ajude discretamente os que precisem. Enfim! O artista que acaba de suar seu sangue para tocar o *Concerto n. 3* de Rachmaninoff tem a obrigação moral de alimentar os que não gastaram um tostão para ouvi-lo tocar?

Em 1986, Norma, a mais jovem das duas irmãs de Nelson, morre devido à ruptura de um aneurisma. É a primeira filha a juntar-se aos pais no jazigo familiar. Nelson fica abalado com essa morte, que remexe tantas lembranças dolorosas. Na mesma época, Rosana Martins se instala em Paris.

Rosana

Chegou o momento de contar a história de uma personalidade original, amiga de Nelson e Martha, que marcou a vida musical de sua época. Muitos a conheceram quando ela trabalhava para o agente Michel Glotz, ou como freelance para alguns artistas, ou ainda como assessora de imprensa no Festival de La Roque d'Anthéron. Poucos sabiam que ela tinha sido uma criança prodígio e que poderia ter se tornado uma grande pianista.

Aos doze anos, Rosana Martins vence o primeiro lugar do Concurso Europeu das Juventudes Musicais, em Berlim. Segundo lugar, na categoria abaixo de quinze anos: Jean-Philippe Collard. Ele se lembra da "deslumbrante aparição de uma garota muito jovem vinda direto do Brasil". Na categoria acima de quinze anos, Jean-Bernard Pommier e Maria João Pires. Um pódio que diz muito sobre o nível da competição e sobre o talento da jovem brasileira. Logo depois, a gravadora Deutsche Grammophon lança um LP. De um lado, Jean-Bernard Pommier, do outro, Rosana Martins.

Depois ela viaja em turnê com o *Concerto n. 27* de Mozart, sob regência de Igor Markevitch. Ela começa uma carreira, mas não gosta dos palcos. Rosana sofre por ter sido privada de infância por uma mãe que a endeusa e sufoca. Operada por causa de uma tendinite, ela viaja para Nova York para fugir da pressão. E se casa com o primeiro homem que cruza seu caminho. Ele é cofundador do selo Connoisseur Society, que edita os discos de Ivan Moravec e importa os de Alexis Weissenberg e Michel Béroff. Rosana se torna a sra. Alan Silver e tem dois filhos. Trabalha para a CBS e frequenta a nata do meio musical nova-iorquino: Vladimir Horowitz, Isaac Stern, Rudolf Serkin, Andrés Segovia... Com um marido hipocondríaco e perseguido por oficiais de justiça, o convívio torna-se impossível. Rosana afunda numa depressão que dura um ano.

Ao cruzar o caminho de um rico empresário, ela o segue até a Alemanha Ocidental, com os dois filhos embaixo do braço. Um dia, um amigo de seu novo companheiro é selvagemente assassinado. Este último lhe pede para prestar falso testemunho, ela aceita e se vê vigiada pela polícia alemã. Forçada a deixar o país às pressas, ela telefona para Nelson, que a recebe em sua casa perto de Melun e a mantém ao abrigo da Interpol.

De férias, ela conhece um francês, o doutor Guérineau, e se casa com ele. O casal se instala em Cognac, onde Rosana se entedia entre uma burguesia rica mas pouco cultivada e muito preconceituosa. Ela consegue convencer o marido a se estabelecer em Paris e finalmente retoma uma vida social brilhante.

Rosana convida toda a cena musical parisiense para seu belo apartamento da Avenue de Courcelles. Ela se ocupa de vários artistas, como Shirley Verrett, Mikhail Rudy, frequenta assiduamente Nelson e Martha, mas seu casamento não resiste ao ritmo acelerado de uma vida entre as estrelas. Ela se apaixona pelo pianista Arthur Moreira Lima e o segue até Londres, onde o ajuda a gravar uma antologia de discos. Depois o casal volta ao Brasil. Brigas incessantes corroem a relação. Um dia, ele lhe proíbe de entrar em casa e a instala num apartamento, como uma amante. Rosana começa a beber muito e se deixa afundar.

Ao voltar de uma turnê, Nelson tem uma conversa séria com ela : "Você precisa parar de beber e voltar a trabalhar". Rosana obedece. Ela nunca mais beberá uma gota de álcool, mas compensa a abstinência com sorvetes, perdendo a linha. O maestro John Neschling, amigo de infância de Nelson, chama Rosana para trabalhar com ele na Orquestra do Estado de São Paulo. Sua atividade dura alguns meses. Longe demais dos filhos, ela volta para o Rio. Encontra um cargo de relações públicas na Orquestra Sinfônica Brasileira, onde suporta ciúmes e mediocridade profissional. Sua popularidade junto aos artistas de passagem irrita o diretor da orquestra, que a demite.

A conselho de Nelson, ela volta a viver com a mãe, que tem um belo apartamento em Copacabana. Ainda participa da vida musical brasileira, mas fica a maior parte do tempo em casa. Nelson lhe pedirá para cuidar de sua página no Facebook. Ela aceitará de bom grado, atualizando-a com regularidade e paixão.

Concertos

De volta a 1986. No mês de agosto, Nelson se encontra com Mischa Maisky, um dos três violoncelistas preferidos de Martha, ao lado de Rostropovitch e Jacqueline du Pré. No Teatro Cultura Artística de São Paulo, eles tocam Beethoven (*Sonata n. 2*), Brahms (*Sonata n. 1*), Schubert (*Sonata Arpeggione*), Chopin (*Introdução* e *Polonaise Brilllante*), e o "Largo" da sonata de

Chopin como bis. Nelson Freire fez pouca música de câmara ao longo da carreira. Sempre com amigos ou compatriotas, como o Quarteto Bessler, com quem ele tocou Brahms, Schumann e Dvórak, ou com o excelente Quarteto Prazak.

No mesmo ano, ele toca o *Concerto n. 2* de Saint-Saëns com a Orquestra Sinfônica da Rádio de Berlim regida por Adam Fischer. A interpretação é tão prodigiosa (disponível no YouTube), cheia de fogo, veludo e aço, que é difícil entender por que Philips, Deca e Deutsche Grammophon não se matam para disputá-la na mesma hora. É incompreensível. Jamais o segundo movimento foi tocado com tanta habilidade e elegância. O último movimento, por sua vez, numa velocidade vertiginosa, é absolutamente espantoso. Somente Horowitz e Argerich podem ser comparados a ele na celeridade, espírito, cores e insolência.

Certo verão, Nelson substitui Krystian Zimerman no Festival de Menton. A poucos quilômetros dali, Martha toca na corte principesca do palácio de Mônaco. Uma recepção é organizada para depois do concerto. A pianista comparece com a filha Stéphanie, que tem onze anos. Não a deixam entrar porque a menina está de jeans. Por mais que ela diga que a noite é em sua homenagem, não a ouvem. Sem hesitar, ela quebra o protocolo e entra no primeiro táxi para ir ao encontro de Nelson.

La Roque d'Anthéron

Dia 6 de agosto de 1987, 21h30. Nelson Freire anda em círculos em seu camarim. Pela porta, ele ouve os passos dos espectadores percorrerem a alameda que leva ao palco ao ar livre no Parc de Florans como um silencioso rebanho de touros entrando na arena. A procissão não prejudica sua intensa concentração. Ele fecha os olhos. Sozinho. Pálido. Decidido. Um pouco mais tarde, segundo um ritual monástico, René Martin, diretor do Festival, vai buscá-lo. Troca de olhares. Sem dizer uma palavra, Nelson se levanta e caminha, como um sonâmbulo, sob as videiras e o canto obstinado das cigarras. Na mão direita, leva um lindo par de sapatos de verniz, para que não se sujem de terra.

A Orquestra Nacional da URSS já está no palco. Atrás de um biombo, num camarim improvisado, um jovem maestro que faz sua estreia na França segura um palito de dentes entre os dedos à guisa de batuta: Valery Gergiev. Nelson o cumprimenta, calça os coturnos de tragédia grega e faz o tradicional sinal da cruz. A passos lentos, o pianista caminha até a frente do palco, se inclina, com uma das mãos sobre o piano, e se senta. Assim que os aplausos cessam, ele lança um último olhar ao maestro e começa o *Concerto n. 4* de Beethoven. Sempre acontece algo inesperado durante esse "Concerto de Orfeu". O que será dessa vez?

No meio da obra, uma tempestade rebenta. Os músicos estão protegidos pela concha acústica, mas o público fica encharcado. Mesmo assim, ninguém se move. René Martin anuncia a anulação do concerto e o reembolso dos ingressos. Alguns friorentos se abrigam em seus carros. Trezentos "gauleses irredutíveis" se recusam obstinadamente a ir embora e acabam subindo no palco. Alguns se protegem embaixo do piano. O concerto é retomado. Tem início, entre Nelson Freire e Valery Gergiev, uma amizade para a vida toda.

Com René Martin e o público de La Roque d'Anthéron, a relação começa em 1982 e nunca para de se aprofundar. Na segunda edição do festival, Martha Argerich e Nelson Freire tocam em duo. A partir de 1986, o brasileiro volta vinte vezes à cidade, como para um encontro amoroso. La Roque d'Anthéron é um dos festivais preferidos de Nelson. Para René Martin, a relação que se cria é tão forte quanto a com Sviatoslav Richter: "Ele me conta sua vida, eu lhe conto a minha, nós somos muitos próximos".

A presença flamejante de Rosana Martins confere ao festival provençal ares de festa carioca. Amigos brasileiros de Nelson aproveitam esse momento para passar férias no Lubéron. Nelson dá recitais memoráveis em La Roque d'Anthéron. Ele também conhece alguns magos da regência orquestral, como o polonês Jacek Kaspszik. Nelson aprecia aquela mistura de profissionalismo e descontração. De quase piedade e fantasia. A proximidade com um público de melômanos entusiastas e de camponeses respeitosos. Além disso, ele gosta de celebrar a cultura junto à natureza.

Piano e sano,[16] Nelson seguirá René Martin em vários projetos. Primeiro nos Moments Musicaux de La Baule, onde se toca "música de câmara de hotel", como Jean-Michel Damian disse brincando. Em 1987, Martha Argerich comparece como simples espectadora a um concerto do amigo brasileiro.

---

16. Do provérbio italiano "Chi va piano, va sano", que neste caso poderíamos traduzir livremente como "devagar e sempre". Num trocadilho com a palavra italiana "piano", esse provérbio já foi jocosamente adaptado para o francês como: "avec un piano, santé garantie" (com um piano, saúde garantida). (N.T.)

Impressionada com o local, voltará ao palco no ano seguinte. Nelson também se empolga com a aventura de La Folle Journée de Nantes. Ele participa desse festival desde 1996, ano da segunda edição, dedicada a Beethoven. O evento lhe parece muito próximo de suas raízes brasileiras. Tanto que ele convencerá René Martin a organizar uma "Folle Journée" no Rio de Janeiro com sua amiga Helena Floresta em 2007.

Quarenta concertos acontecem ao longo de três dias, em oito pontos da cidade, como o Theatro Municipal e a Sala Cecília Meireles. Os ingressos custam entre um e cinco reais. Ouvem-se notadamente todas as sonatas de Beethoven por seis pianistas (Nicholas Angelich, Jean-Efflam Bavouzet, Frank Braley, Claire Désert, François-Frédéric Guy, Emmanuel Strosser). Em 2010, serão todas as de Chopin, da primeira *Polonaise* à última *Mazurca*, com vários pianistas, como Abdel Rahman El Bacha, Anne Queffélec, Philippe Giusiano... Nelson convence René a organizar um evento musical em Minas Gerais. A festa acontece em Belo Horizonte com Michel Béroff, Brigitte Engerer, Jean-François Heisser, Alain Planès. Obras com dois, três e quatro pianos. Inesquecível!

Mas Nelson também queria que René fosse mais longe. Que investisse em lugares onde a música clássica estava totalmente ausente. Ótima ideia. O criador da Folle Journée sonha em ir para a Amazônia. Concertos são organizados em Belém, onde acontecem momentos pungentes, com pessoas tão pobres que a escola de música precisa lhes fornecer camisetas para assistir aos concertos.

Reciprocamente, Nelson sempre ajuda quando René lhe pede um favor. Por exemplo, quando se trata de dar um concerto em benefício da abadia de Jouques, perto de

Aix-en-Provence. Depois de Sviatoslav Richter e Radu Lupu, Nelson Freire toca para as beneditinas e compartilha de suas refeições. Somando a graça da música às três virtudes teologais da Igreja: fé, esperança e caridade. Ele se despede do local profundamente comovido. Em outubro de 2021, ao ser informado da terrível notícia, René Martin chorará a morte de um amigo, mas também o desaparecimento de um mundo. Um mundo de beleza, total modéstia e absoluta perfeição.

Anos 1990

Em abril de 1989, Nelson Freire dá um concerto seguido de master class em João Pessoa, capital da Paraíba, no extremo leste das duas Américas. Um jovem rapaz pede para tocar. Ele tem 29 anos e sente uma admiração ilimitada por Nelson desde o início de sua carreira. Seu nome: João Bosco de Oliveira Padilha. Um breve idílio reúne o mestre e o discípulo. O companheiro torna-se amigo, depois secretário e *ajudante de campo*. "Ninguém é um herói para seu criado de quarto", dizia Napoleão. O vencedor de Austerlitz estava enganado, pois não conhecia "Bosco", que adorou seu "herói" até o fim, seguindo-o por toda parte.

Nos anos 1990, Nelson desenvolve um problema no braço que necessita de intervenção cirúrgica. Depois disso, não consegue mais carregar suas malas. Bosco, então, torna-se literalmente seu "braço direito". Por outro lado, Nelson não gosta de viajar sozinho e Bosco é a companhia ideal: sorridente, discreto, eficiente, atencioso, bem-humorado. Como também é pianista, ele se revela um ouvinte precioso e um conselheiro sensato. Não existe um contrato entre Nelson e Bosco. Tudo se baseia na confiança. Ele tem seu próprio bangalô na casa do Rio, seu quarto em Paris, seu próprio quarto de hotel. Nelson inclusive coloca o apartamento do Marais e a pequena casa da Rue Chaillot no nome dos dois. Ainda que livremente consentido, o sacrifício não deixa de ser grande para o jovem rapaz. Bosco fica a serviço exclusivo de Nelson 24 horas por dia. Toda a sua vida é dedicada a ele. Bosco nunca se queixa. Ele nunca suspiraria *"Notte e giorno faticar"* [Noite e dia a trabalhar], como no início de *Don Giovanni*.

Um é exclusivo, o outro não. Quando Nelson se apaixona por outro rapaz, Bosco não entende e sofre muito. Mas as paixões são de curta duração e Bosco não consegue conceber a ideia de não fazer parte da vida de Nelson. Ele aos poucos aprende a controlar seu ciúme. Quando Nelson sucumbe aos encantos de um contratenor grego, Harris Christoferis, Bosco aceita a situação de bom grado. Várias vezes ele inclusive precisa consolar o amigo de coração frágil em suas devastadoras dores de cotovelo.

Em novembro de 1995, Nelson conhece Miguel. A paixão é arrebatadora. Miguel é médico, o sentimento é recíproco e durará. Os dois moram juntos no Joá. Nelson precisa de Bosco, que não pode viver sem Nelson. Miguel aceita a situação. Cada um tem seu papel. Em trinta anos de uma vida totalmente devotada, Bosco ouve pouquíssimos elogios. Os perfeccionistas raramente demonstram qualquer tipo de gratidão. Mas Bosco não sente amargura. Ele tem a sorte de conviver com um gênio e se sente indispensável. Às vezes comete erros, pois é distraído. Na plataforma da estação de Aix-en-Provence, os dois sobem no trem com destino a Marselha. Nelson, que tem pressa de voltar para Paris, fica exasperado.

Outra vez, no aeroporto para uma viagem de férias à Córsega, alguém rouba a mala com as partituras e os passaportes. Cólera homérica de Nelson! Quando se estressa, a raiva pode se manifestar por erros muito menos graves. Uma noite, fui jantar na casa deles em Paris. Bosco preparou um escondidinho, prato típico que Nelson quer que eu conheça. Uma espécie de *hachis parmentier* com azeitonas e uvas passas. Bosco pesa demais nas batatas e Nelson, um pouco demais no uísque. À primeira garfada, ele tem um ataque terrível. O pobre Bosco ouve tudo, com o ar desolado e um sorriso nos lábios. Tranquilizo o cozinheiro, juro que está ótimo, mas para Nelson, que não reconhece o prato de sua infância, era como se profanassem o túmulo de seus ancestrais.

Às vezes Nelson percebe que foi longe demais.
"Estava chorando?"
"É claro, Nelson! O que você acha?"
Então a criança grande de nervos frágeis deixa um beijo no pescoço de sua vítima e faz cócegas nela para descontrair. Às vezes é Miguel quem explode diante da indolência de Bosco. Mas embora seja doce, este último não é feito de açúcar e sabe se defender, opondo uma temível inércia a qualquer intrusão em seu território.

Com muito gosto, Nelson considera a elaboração dos programas de seus recitais uma questão de honra. Ele leva um ano para redigir um "cardápio" (como dizia Rubinstein) bastante variado e equilibrado para o público. Um Schumann ou um Brahms. Depois Chopin. Alguns Debussy e um toque de Villa-Lobos. O tempo que ele leva para escolher e combinar as obras é maior do que o de prepará-las. Pois vasto é seu estoque e refinada, sua arte de servir. Em geral, ele detesta fixar suas escolhas com muita antecedência. Gosta de ter a possibilidade de mudar tudo na última hora. Eis uma mensagem enviada a Catherine d'Argoubet (Festival Piano aux Jacobins e Festival Grands Interprètes à Toulouse):

> Querida Catherine,
>
> Olá. Sempre problemático pensar num programa com antecedência. Eu gostaria de trocar *Les Adieux* pela *Moonlight*!!! Ok?
> Também estou em dúvida entre as quatro (e não três) *Baladas op. 10* de Brahms, ou quem sabe a *Fantasiestücke* de Schumann.
> Penso que é melhor deixar Debussy de fora, pois imagino que vocês já o ouviram bastante em seu aniversário.
> Chopin ok. *Balada n. 3* e algumas valsas/noturnos.
> Paderewski também permanece e, para acabar, talvez uma rapsódia de Liszt (8ª). O que acha? Até parece que estamos organizando um jantar! Bom apetite!
> Um abraço,
> Nelson.

Ele se dirige diretamente aos organizadores, com os quais mantém uma relação privilegiada, sem delegar essa tarefa a um intermediário. Como diz Martha: "Diretamente, chegamos a um acordo em cinco minutos, enquanto os agentes complicam tudo".

No trabalho, ele não tem um método pré-estabelecido, apenas se senta ao piano todas as manhãs. Com frequência para ler partituras. As obras a serem tocadas em público são praticadas fora do piano. Uma ideia de dedilhado para resolver um problema lhe ocorre à noite, na cama, ou durante uma caminhada. Em Chopin, por muito tempo ele os tentou resolvê-los sozinho. Um hábito adquirido com Lucia Branco. Até o dia em que ele se deu conta de que os dedilhados do compositor eram os melhores. Puro gênio. Ao piano, ele aperfeiçoa a sonoridade, o timbre, e essa busca é infinita. Quando estuda uma obra, o exercício é bastante escolar, feito de maneira muito lenta, com um metrônomo. Rachmaninoff fazia o mesmo, Guiomar Novaes também. Ele articula cada frase com grande zelo. As mãos e os dedos seguem docilmente o desenho das frases. O corpo fica absolutamente imóvel e respira pelos pulsos. Tudo é macio, harmonioso, no lugar certo, como um balé, até se tornar muito natural.

Antes de tocar, o nervosismo às vezes adquire proporções descomunais. Ele chega sem avisar. Será para acalmar os nervos que ele começa a beber mais que o razoável? Como o fumo, o álcool é um falso amigo dos artistas angustiados. Um lobo insaciável fantasiado de dócil ovelha devotada. Uma noite, em Beppu, no Japão, ele toca como um gambá. Samson François, Christian Ferras, Frédéric Lodéon têm episódios similares. Sem falar nos russos. Nelson consegue vencer o vício, mas este permanece à espreita, pronto para recuperar o controle.

No dia 6 de janeiro de 1995, Nelson Freire está em Paris. À noite, o telefone toca. O pianista leva um susto. É seu irmão Nélio. Pelo timbre da voz do irmão, Nelson entende que algo acontecera e começa a falar baixo na mesma hora. Não quer ouvir o que seu coração pressente há alguns dias. Nise acaba de morrer no Rio. Aos 76 anos.

Inúmeras lembranças lhe vêm à mente. Antes de dar aulas, Nise tivera uma bela carreira de concertista na América do Sul. Uma noite, depois de tocar a *Balada n. 4* de Chopin, alguém grita da plateia: "*Polonaise*!". Ela se vira e diz: "Nada pode suceder à balada número quatro". Da mesma forma, ninguém poderia *suceder* Nise no coração de Nelson. Os que dizem que ninguém é insubstituível não entenderam nada.

No dia seguinte, Nelson deveria se encontrar com John Neschling no Tonhalle de Zurique, para tocar a *Rapsódia sobre um tema de Paganini*, de Rachmaninoff. Ele não consegue. O concerto é cancelado.

Unesco

Em 1995, Nelson Freire dá o que se pode corretamente considerar a melhor entrevista de sua carreira. Para quem? Para o *Courrier de l'Unesco*. Por quê? Por trás das decisões do pianista, o verdadeiro motivo sempre escapa à vulgaridade de uma estratégia carreirista, da mesma forma que para sua amiga Martha. Talvez seja uma maneira de agradecer à Unesco por ter encomendado a Heitor Villa-Lobos sua última obra para piano, em 1949, por ocasião do centenário da morte de Chopin. Pela única vez na vida, Nelson fala sobre a morte dos pais. Com palavras breves e discretas. Ele também lamenta que os brasileiros já não defendam mais sua própria música como antigamente. Quem toca Mignone ou Santoro hoje em dia?

Nelson menciona a vibração rítmica dos pianistas brasileiros (é de fato notável) e seus complexos em relação aos pianistas europeus: "Eles tentam renegar a si mesmos, tornando-se mais europeus que os europeus". Ele realmente acredita nisso. Um compromisso, uma confissão e um *mea culpa*, tudo ao mesmo tempo. Ele acrescenta que os pianistas russos costumam ter um quê que os outros não têm. Em relação ao público, confessa uma preferência pelos alemães e japoneses, os mais devotos da religião musical. E não deixa de dar uma alfinetada: "Em Paris, as pessoas só vão ouvir as estrelas". Um dia, depois de uma dose de uísque, ele me confidencia que a reputação dos franceses na cama é muito superestimada e que os brasileiros são amantes muito melhores. Mesmo pregando para os convertidos, nesse ponto é difícil contradizê-lo.

No início de maio de 1995, Nelson vai para Porto Alegre, onde se encontra com o compositor Clodomiro Caspary para tocar o *Concerto* de Schumann no Teatro Leopoldina. Graças a Bosco, dispomos de uma filmagem (postada na página do IPB no YouTube), onde ele repassa a primeira parte do concerto (com o cigarro aceso no cinzeiro) na frente do amigo que deve reger o concerto. Podemos ver a extraordinária flexibilidade de seu pulso e a firmeza de articulação que são sua marca.

Em outro vídeo (feito no mesmo dia, ele usa a mesma camisa listrada), Nelson lê *Mobile*, de Caspary, provavelmente tocado em Porto Alegre. O registro prova que o pianista também tocava a música de seu tempo. Aluno de um discípulo de Schönberg, Clodomiro Caspary escrevera um livro sobre o serialismo mencionado por Stockhausen. Ele fora aluno de Bruno Seidlhofer em Viena e morara no Rio ao mesmo tempo que Nelson. Havia uma verdadeira amizade entre os dois homens. O sentimento é o único motor do pianista.

Uma aula

Na primeira vez que tocou para Nelson Freire, Sergio Tiempo tinha cinco anos. "Ele é como um tio para mim." O tio lhe ensina a articular, mostrando que os dedos são como "cabeças de cavalos inclinadas". Sergio se beneficia regularmente de seus conselhos. Antes de seu primeiro recital no Concertgebouw de Amsterdã (aos catorze anos), antes de seu primeiro *Concerto* de Tchaikovski. "Palavras sempre precisas, sinceras, enérgicas." Os dois pianistas se encontram quando Sergio deve tocar o *Concerto n. 2 em fá menor* de Chopin. Uma das grandes especialidades de Nelson.

Este último o ouve com atenção. Depois o convida a expressar o máximo fazendo o mínimo. Ele lhe sugere uma liberdade rítmica parcimoniosa. Adverte-o contra o "rubato sanitário" que surge numa passagem difícil. Mau gosto e preguiça são de fato os círculos do inferno de Chopin. "Ele me ensinou a ser sensual com o vestido na altura do tornozelo." Sergio verá Nelson pela última vez em seu sublime recital no Palais des Beaux-Arts de Bruxelas. *Fantasia* de Schumann, Prokofiev, Liszt... "Todos estavam aos prantos." Segundo Martha, o melhor concerto que ela já assistiu na vida.

Ao anoitecer

Aos 21 anos, Hélène Grimaud pergunta a seu agente Jacques Thelen e a Martha se Nelson Freire estaria disposto a ouvi-la. Ela admira sua sonoridade de veludo, seu fraseado majestoso em que cada nota tem um valor expressivo e sua inexplicável leveza. "O que faz o homem e o que faz o artista." Algumas semanas depois, o encontro acontece. Hélène toca a *Sonata op. 109* de Beethoven para Nelson. Ela fica comovida com sua doçura, sua bondade e sua inteligência. "Ele é um aristocrata do coração, pertence a uma estirpe de senhores, uma espécie em vias de extinção." Uma noite, na Basileia, ela fica surpresa ao vê-lo entrar em seu camarim, acompanhado do eterno Bosco. Ela acaba de tocar a *Sonata* de Liszt. Ele não precisa dizer nada. Ela entende tudo pelo brilho de seus olhos. "Algumas pessoas fazem com que nos tornemos a melhor versão de nós mesmos e nos mostram o inatingível, um mundo raríssimo, fruto de um grande sofrimento que passa pelo amor. Nelson é uma delas."

Afinação perfeita

Com alguns organizadores, afinadores, jornalistas, Nelson Freire desenvolve uma verdadeira relação de amizade. É o que acontece com Denijs de Winter, que afina os pianos de La Roque d'Anthéron há mais de quarenta anos. Existem poucos técnicos mais competentes, mais abertos e mais doces que esse belga natural da Antuérpia. O primeiro encontro acontece no Concertgebouw de Amsterdã, quando Denijs afina os pianos da famosa série de concertos Riaskoff. Os dois artistas entram em sintonia na mesma hora. Quando Nelson cria seu estúdio na casa do Joá, é a Denijs que confia a afinação do piano. Dois dias inteiros são dedicados a isso. Finalizado o trabalho, o afinador sugere que Nelson experimente o piano, mas este declina da oferta. As pessoas muito sensíveis preferem abrir seus presentes sozinhas, para dissimular uma eventual decepção e assim evitar ferir a outra pessoa. Denijs está entrando no avião quando recebe um telefonema de Nelson: "Ficou fantástico. Obrigado!". Travessia do Atlântico "nas nuvens".

O afinador desenvolve uma relação muito íntima com cada pianista. "Nosso trabalho muitas vezes consiste em atenuar a carência técnica de alguns." Não é o caso de Nelson. Ele não tem nenhuma dificuldade dessa ordem. "Tudo está diretamente no som." Mas nisso reside sua angústia. Nos olhos de Nelson, sem que nenhuma palavra seja pronunciada, Denijs lê: "Ficou bom?". *Bom?* O afinador sente fascínio por sua maneira de colocar as mãos sobre o piano. Um ataque com absoluta suavidade e um levíssimo crescendo (depois de tocada a nota), mecanicamente impossível, mas que faz toda a diferença. Sem falar na riqueza do som, na magia do toque e em todo o prisma de cores. Apesar disso, o nervosismo é abissal, incompreensível. "Avise René... Não vou conseguir tocar..." Por fim, depois de agonias inimagináveis, o milagre opera e brota de seus dedos de borracha. Dedos curtos, próximos do coração, diretamente conectados a uma alma frágil, sem proteção.

Nikolai

Em 1998, Nelson Freire e Nikolai Lugansky são convidados para tocar no Festival Radio-France de Montpellier. Depois do *Concerto n. 3* de Rachmaninoff, o pianista russo fica comovido quando recebe os parabéns de seu colega mais velho. Ele sente grande admiração por Nelson, desde que conheceu sua gravação da *Fantasia* de Schumann (ao vivo em Toronto). E fica maravilhado que um pianista tão "genial" seja tão "normal". Vai ouvi-lo com frequência... É como se escolhesse suas próprias datas em função da agenda do brasileiro. Em la Roque d'Anthéron ou em Nantes: *Concerto* de Schumann, *Concerto n. 2* de Rachmaninoff, *Concerto n. 2* de Brahms, recital com Martha. Um inesquecível *Concerto n. 1* de Brahms em Frankfurt. Um *Concerto n. 5* de Beethoven em Tóquio, um *Concerto n. 4* em Moscou com Gergiev. Ele é um fã, como era de Horowitz, embora também seja um grande artista.

Para Nikolai, Nelson tem um talento fora do comum que se baseia tanto em capacidades físicas incríveis – "é como se sua mão não tivesse ossos" –, quanto num grande intelecto, num coração imenso e numa naturalidade absoluta. Em 2019, Nikolai Lugansky recebe felicitações de Nelson depois de seu concerto no festival de La Roque d'Anthéron, com "palavras honestas e comoventes". Os dois artistas têm semelhanças. O mesmo pudor na virtuosidade, a mesma humildade, a mesma emotividade. Mesma nobreza de expressão.

Em 1999, Nelson Freire toca pela primeira vez no Carnegie Hall. Incrível, não é mesmo? Ele toca como um deus há quase cinquenta anos e a mítica sala de Nova York de repente toma conhecimento de sua existência. O público não está ali por sua causa, pois Nelson está substituindo Krystian Zimerman no *Concerto n. 2* de Rachmaninoff. Não é culpa do sistema, o sistema é que não se adapta a ele. Um jornalista do *New York Times* pede para conversar, Nelson diz que não. Por que se impor aquela pressão suplementar no dia do concerto? Tudo pela música, nada pelo ego. Ele logo fará sua estreia na Rússia. Com o mesmo *Concerto n. 2* de Rachmaninoff. Em São Petersburgo! Alguém disse *pressão*?

A propósito, como é... reger Nelson Freire?

Ele gosta dos "regentes" (a palavra *chefe* de orquestra não é adequada) que falam pouco e vão direto ao ponto. Como ele. Com Rudolf Kempe o entendimento era perfeito. Nenhuma palavra, a música no centro. Seu compatriota e amigo de infância John Neschling dividiu o palco com ele várias vezes nos concertos de Beethoven, Schumann, Chopin, Brahms 2, Grieg, Prokofiev 1. Eles fazem uma turnê europeia com o número quatro de Rachmaninoff. O maestro não tem papas na língua: "Nelson toca para si mesmo. Temos que nos adaptar a ele. A orquestra não é problema seu. Quando ele corre, a única coisa a fazer é segui-lo. Ele não está muito aberto ao diálogo. Faz o que quer. Às vezes dizemos uma coisa e ele faz o contrário". Não nos enganemos, o maestro sente uma imensa admiração pelo pianista. Ele se lembra de vê-lo ler o *Concerto n. 2* de Shostakovich: "Ele tinha acabado de comprar a partitura e a tocou perfeitamente, de primeira". Para alguém tão talentoso, é difícil entender que os outros precisem de mais tempo.

Entre amigos de verdade, o falar sem rodeios é recíproco: "Uma vez, ele cancelou a *Rapsódia sobre um tema de Paganini* de Rachmaninoff dois dias antes do concerto e me disse: 'Prefiro tocar o Grieg'. Eu lhe disse: 'Nelson, é impossível'. Ele respondeu: 'Ou fazemos o Grieg, ou cancelo tudo'. Foi um pesadelo para mim. Além disso, não gosto do concerto. No fim, o preparamos em tempo recorde e foi magnífico".

John Neschling também recorda seu temperamento brincalhão. Sua elegância. "Ele nunca falava mal dos colegas." E seu nervosismo. "Ele não demonstrava, mas nós o sentíamos muito nervoso. Ele dizia apenas: 'Me deixe sozinho'. Ele precisava se concentrar." Michel Plasson se lembra com emoção de "um ser tão misterioso quanto um gato, com um som incomparável e uma imaginação rítmica sem igual". Eles tocaram os dois Brahms em Dresden e gravaram os concertos de Liszt, bem como a *Totentanz* para o selo Berlin Classics. O maestro do Capitole de Toulouse ainda se maravilha com seu virtuosismo sem ostentação: "A personificação da elegância do coração".

Anos 2000

Em 23 de julho de 2000, tive meu primeiro encontro com Nelson, em La Roque d'Anthéron, no dia seguinte a um concerto a dois pianos com Martha Argerich. Peço desculpas por mencionar esse fato, mais importante em minha biografia do que na dele, mas a informação vai além do âmbito de uma simples anedota. O grande tímido aceita me conceder uma longa entrevista, suficientemente rica e interessante para que Nathalie Krafft, diretora do *Monde de la Musique*, a publique e coloque sua foto na capa. Decisão corajosa, pois, além de Nelson Freire não ser uma estrela capaz de gerar um afluxo de vendas, ele não era patrocinado por nenhuma gravadora à época. O equilíbrio financeiro das revistas especializadas se baseava essencialmente em seus contratos publicitários. E a capa era um *jackpot*.

A fotografia é bonita. Ela será utilizada no cartaz de um filme futuro. Nossa amizade data desse dia. Depois da entrevista, Nelson me pergunta se já fui ao Brasil. Respondo que não, infelizmente. Ele diz então uma frase que ainda ecoa em mim: "Deveria, pois você tem o ritmo brasileiro". Seria o mesmo que ouvir de um italiano que temos talento para a ópera ou de um judeu que temos senso de humor. Encantado, não pedi que se explicasse. Eu entenderia sua observação quando conhecesse esse belo país e seus maravilhosos habitantes. Minha experiência não é única. Embora deteste propaganda, Nelson Freire é capaz de criar relações profundas e duradouras com pessoas desse meio, fazendo com que se sintam apreciadas, por menos sinceras que elas sejam com ele.

Três dias depois, Nelson toca o *Concerto n. 2* de Rachmaninoff no L'Étang des Aulnes com a Orquestra Sinfônica de São Petersburgo sob a regência de Alexander Dmitriev. Os músicos chegam depois de uma longa viagem de ônibus. O calor é opressor. Eles parecem turistas exaustos. O ensaio é uma simples passada de alguns trechos sob um sol abrasador, dentro de uma nuvem de mosquitos. À noite, milagre! Depois de rirem da "preguiça" dos estranhos zuavos vindos do Leste, os jornalistas ficam boquiabertos. Como Richter diante de uma orquestra parisiense indisciplinada: "Em meu país os músicos também são funcionários, mas eles amam a música". Nelson Freire, que não gosta de ensaiar e dá tudo de si no concerto, encontra seu parceiro ideal. O fascínio é recíproco.

Depois do concerto, a conversa se anima. O maestro quer que eles voltem a tocar juntos num festival de São Petersburgo, algumas semanas depois. Mas onde encontrar dinheiro? René Martin exclama: "Eu me encarrego dos cachês". O diretor de cinema João Moreira Salles, que grava imagens em La Roque, acrescenta: "Vou junto para filmar". Todos brindam e se abraçam. Algumas semanas depois, Nelson Freire faz sua estreia na Rússia, na capital imperial, com o *Concerto n. 2* de Rachmaninoff.

Ao fim do primeiro ensaio, Nelson murmura ao regente: "Está bom para você?". E acrescenta: "É difícil estar aqui pela primeira vez. Isso me deixa muito nervoso". O russo não é muito expansivo. Quem não conhece a relação entre eles poderia pensar que ele não está nem aí. O concerto é um sucesso. "Nelson tem algo de russo", avalia René Martin. Ele provavelmente está pensando na mistura de concentração silenciosa, virtuosismo, coração grande, alegria de viver, tristeza infinita... "Russo" com certeza, mas nada de soviético e menos ainda de neossoviético.

Decca

A mudança de milênio traz uma verdadeira revolução à carreira de Nelson Freire. Pela primeira vez, uma gravadora grande lhe oferece um contrato de exclusividade. E pela primeira vez ele está disposto a se curvar às exigências que essa distinção pressupõe: lançamento regular de discos, sessões de divulgação, entrevistas etc. Catorze novos CDs (dois dos quais duplos) são lançados em dezoito anos, depois um CD duplo com reedições. Ou seja: um por ano. Amélie Nothomb que se cuide. Nas entrevistas, ele se esforçará mais, sem se desvirtuar. Os assessores de imprensa precisarão respeitar esse aspecto "Kundera" de sua natureza. Durante a passagem de Nelson por algumas cidades, alguns jornalistas continuam se queixando para os leitores: "Como sempre, Nelson Freire não nos concedeu nenhuma entrevista".

O primeiro álbum da Decca é dedicado a Chopin, obviamente, como seu primeiríssimo disco gravado no Brasil aos doze anos de idade. No programa: *Sonata n. 3*, *Estudos op. 25* e *Três novos estudos*. Ele toma o cuidado de dividir as duas coletâneas de Estudos. Para ele, não há nada mais indigesto do que obras na íntegra. É preciso diversidade, tanto nos concertos quanto nos discos.

Ele começa pelo segundo caderno, portanto, o mais orgânico. O opus 10 virá mais tarde. Essa é sua maneira de respeitar seu ritmo interno, que desafia as regras da lógica editorial. Talvez ele tema o *Estudo op. 10 n. 2*, do qual Horowitz fugia como da peste e que forçou Rubinstein a jogar a toalha. Nos recitais, Nelson Freire evitará esse camundongo que aterroriza os elefantes. Martha Argerich o estudou uma única vez na vida. Ao longo de uma noite inteira, com fúria e dor, depois de descobrir uma infidelidade de Charles Dutoit. Ao amanhecer, ela o tocou do início ao fim e nunca mais o retomou.

O disco Chopin de Nelson Freire é um grande sucesso. O mundo musical solta um suspiro de alívio. Até que enfim! O *famoso desconhecido* do piano é devidamente reconhecido e passa para o primeiro plano com uma gravação sublime. Uma maravilha de elegância despreocupada e de ondulante leveza. Chovem prêmios discográficos sobre esse tesouro que podemos ouvir incansavelmente.

O segundo álbum, dedicado a Schumann, é gravado em Lugano em dezembro de 2002. Obras populares de um compositor que nem sempre o é: *Carnaval, Papillons, Cenas infantis, Arabesque*. "Sou louco por sua música. Eu a sinto visceralmente", confidencia o pianista. Schumann é geminiano, como Martha. Signo complexo, feito das dualidades que encontramos em muitos artistas. Nelson é libriano, outro signo de ar. Schumann desperta a intimidade profunda de Martha. Ele às vezes a faz chorar. Nelson é ainda mais próximo de Brahms.

No palco, não é raro que um "Intermezzo" de Brahms encha seus olhos de lágrimas. Brahms e Schumann são muito próximos. Para Nelson, amar Brahms talvez seja uma maneira de se aproximar de Martha, a schumanniana.

Em sintonia

Com essa segunda gravação, o produtor Dominic Fyfe entra em cena. Ele se junta à equipe Decca em 2002, sendo designado para o projeto Schumann. Ele conhecera Nelson depois de um concerto em Bordeaux, e eles tinham simpatizado um com o outro. De maneira geral, faz de tudo para criar as melhores condições possíveis aos artistas, adaptando-se a cada um. Em primeiro lugar, um bom piano. As gravações costumam ser feitas em Hamburgo, para que Nelson possa escolher um modelo recém-saído da fábrica da Steinway. Às vezes apresentam-lhe dois pianos e ele escolhe um no estúdio. Dominic Fyfe é o contrário do produtor da Vox, cuja grosseria enfurecera Guiomar Novaes. Flexibilidade total para as horas de gravação. Nenhuma pressão de nenhum tipo. Abastecimento constante de café expresso e disponibilidade total, além do profissionalismo que todo artista de alto nível tem o direito de esperar. Fluidez, liberdade e intimidade são palavras-chave: "Ainda que Nelson considere o disco um esporte curioso, ele pode fazer música totalmente a seu gosto e em seu próprio ritmo". A equipe toda está ali para ouvi-lo. "Ele se sente entre amigos. Somos seu primeiro público."

Entre as tomadas, Nelson gosta de conversar, rir, beber café. Em geral, ele toca cada peça várias vezes, de novo e de novo, até sentir o piano disposto a lhe dar o que ele está buscando. Depois, deixa o produtor livre para escolher. "Ele nunca expressa uma preferência por uma tomada ou outra." Por gosto, Nelson Freire tende ao mínimo de cortes possível. Trata-se de respeitar o fluxo natural da música. Criar um patchwork a partir dos melhores trechos – "como faz a maioria dos artistas" – não é seu estilo. É preciso dizer que ele possui um controle técnico absoluto. "Costuma ser extraordinário e não requer nenhuma intervenção de nossa parte." Privilegiar a continuidade é um ideal, mas um ideal raro. "Ele está tão bem-preparado e sua técnica é tão impecável que sua performance não precisa de nenhum retoque."

Nesse nível de realização, a única variável desconhecida é seu grau de inspiração. Quando não está inspirado, Nelson espera. E, quando a musa o honra com sua visita, não há nada a ser retocado. Tudo está no lugar. Dominic Fyfe se sente reconfortado pela presença do fiel Bosco, que não se contenta em acompanhar Nelson para todos os lados. Dotado de um "maravilhoso par de orelhas", ele possui uma compreensão profunda e completa da estética do artista. Depois que Nelson sai do estúdio, é Bosco quem responde às perguntas e repassa seus pedidos.

Outra particularidade do pianista brasileiro: ele nunca entra na cabine reservada ao engenheiro de som. Ele detesta se ouvir. Uma única vez (para o Schumann de 2002), Dominic Fyfe consegue que ele faça isso, para decidir entre dois pianos. Sua percepção do som é tão fina que ele toca com a estante abaixada. A partitura criaria uma parede entre a música e seus ouvidos extremamente sensíveis. Ele se recusa a encher o cérebro com matéria amplificada. A tecnologia é seca demais e metálica. Ele gosta da carne do som natural. Qual a vantagem de contemplar as cataratas do Niágara numa fotografia quando se está na frente delas? Fora do estúdio é outra coisa. Ouvir discos é um dos grandes prazeres de sua vida. Velhos discos de cera, principalmente, pois já não podemos ouvir Guiomar Novaes ou Alfred Cortot ao vivo. Sem falar que pagaríamos caro para saber como Chopin tocava.

O pianista prefere esquecer a presença dos microfones ao estar na frente deles. Uma luz vermelha se acende quando ele está pronto. O produtor nunca perturba sua concentração ou seu livre arbítrio com qualquer tipo de imposição, como: "Schumann, *Arabesque*, terceira tomada". Não há nada disso com Nelson. Nada. Silêncio. É preciso estar atento, com o dedo no gatilho, pois o pianista começa sem avisar.

Dominic Fyfe não se lembra de ter feito intervenções para corrigi-lo, nem uma vez sequer, ou de ter indicado algum erro de leitura. Encorajá-lo, sim, sugerir, sim, mas nada mais. Outro músico (que ele saiba) com tal controle musical é Seiji Ozawa. Não se pode dizer nada a nenhum dos dois. Não porque seja proibido ou uma ousadia, mas porque é desnecessário. Eles já têm tudo dentro de si.

Além disso, o que acrescentar a uma interpretação tão madura, a uma performance tão perfeita, a uma sonoridade tão macia que faz com que esqueçamos da mecânica do piano? "Não conheço nenhum pianista que consiga tocar forte ou fortíssimo assim, sem uma sombra de rigidez." Nelson Freire nunca diz absolutamente nada sobre seus discos depois de prontos. Nenhum comentário que revele qualquer autossatisfação. Ele fica feliz quando um prêmio recompensa seu trabalho, nada mais. O Gramophone Record of the Year para os concertos de Brahms, o Latin Grammy por *Brasileiro*...

Encores

Sua última gravação é realizada em fevereiro de 2019, em Hamburgo. Com o título *Encores*, o CD reúne as peças tocadas em bis ao longo de sua carreira, por ocasião de seu 75º aniversário. Talvez uma piscada de olho a Horowitz, que Stravinsky maldosamente chamava de "o pianista do bis". Espantosamente, o livreto repassa toda sua vida através de álbum de fotos, de ontem – os pais, Lucia Branco, Martha Argerich, Guiomar Novaes, Jacqueline du Pré – aos dias de hoje... A palavra "encore" aperta o coração. Encontramos seu bis preferido dos últimos anos, a *Melodia de Orfeu*, de Gluck-Sgambatti, e também doze Peças Líricas de Grieg nunca gravadas antes, música espanhola (Mompou, Albéniz), peças virtuosísticas transcritas por Godowski e música russa, como o *Prelúdio em si menor* de Rachmaninoff, gravado numa única tomada. Cada pérola remete a uma lembrança. Com Guiomar, Lucia, Nise, Martha...

Outros discos estavam programados: *Concerto* de Schumann, *Concertos n. 9 e n. 27* de Mozart, *Valsas* de Chopin, recital Rachmaninoff... Durante a pandemia, Nelson Freire e Dominic Fyfe permanecem em contato por WhatsApp até o dia 27 de setembro de 2021. Nelson reconforta o produtor, que acaba de perder os pais. Uma dor compartilhada. Com a garganta apertada, Dominic Fyfe vasculha suas mensagens e se depara com a última: "Não quero ser esquecido. *Love*. Nelson".

Carreira

Embora sua carreira siga um novo caminho a partir dos anos 2000, Nelson continua o mesmo. A agência Jacques-Thelen, especializada em artistas estranhos (Martha, Lupu, Nicholas etc.), conhece bem seu modo de trabalho. Nelson nunca diz não, é preciso adivinhar se concorda ou não. Ele não gosta de deslocamentos complicados e foge de certas obrigações, como os pedidos de entrevista. Um dia, um amigo jornalista vai entrevistá-lo com a câmera do celular. Assim que o sujeito abre a boca, Nelson se desconcentra. Ele tenta se segurar, aperta os olhos, mas cai na gargalhada. O tom compassado das entrevistas é tão artificial. Ele guarda a gravação em seu telefone e a chama de "A entrevista fracassada".

Em relação à classificação dos hotéis, ao montante dos cachês, Nelson não é difícil. Ele não faz nenhuma exigência. Em contrapartida, precisa se sentir amado e prefere quando tudo flui. Adora trabalhar com Valery Gergiev. Poucos ensaios, poucas imposições, poucas palavras e a música em primeiro lugar.

Nelson Freire não tem nenhum plano de carreira. E nunca teve. Ele gosta de tocar, ponto-final. Reclama quando sua agenda fica cheia demais. E se fecha quando seu ritmo interior não é respeitado. Ele não se importa de tocar em cidades pequenas, desde que os trajetos não sejam muito complicados. Com mais sacrifícios, sem dúvida poderia ter tido uma carreira mais brilhante. Isso nunca o interessou. Até os últimos anos...

Ele detesta decidir os programas com muita antecedência. Quando passa um programa a seu agente, este o guarda na gaveta. Seu telefone não demora a tocar. É Nelson: "No lugar do Liszt, prefiro Chopin". Depois de inúmeras modificações, a lista definitiva é finalmente enviada ao organizador do evento. Se alguém tiver dificuldade com essa maneira de ser, azar o seu. Nelson não tocará em sua série de concertos.

    Na agência Jacques-Thelen, todos sabem que ele pode cancelar um compromisso a qualquer momento. Esperado para uma gravação, a angústia pode paralisá-lo. É preciso convencê-lo com muito tato a visitar o local, deixando-lhe a possibilidade de ir embora. Às vezes ele é incapaz de pisar no palco. "Toque até o intervalo. Veremos depois." Com essas condições, ele concorda. Um café, uma Coca-Cola, e ele entra.

    Seu agente nunca lhe telefona antes das 11h30 da manhã. Ele não atende quando é cedo demais. "Depois que o conhecemos, vemos que é o homem mais simples do mundo." Ele gosta de pessoas sinceras e delicadas. Identifica instintivamente os parasitas, os manipuladores e os trapaceiros. E desconfia deles, ao contrário de sua amiga Martha, que se sente atraída por eles (ela não os vê dessa forma).

Debussy

A familiaridade instintiva entre um compositor e um intérprete não pode ser apreendida. Como na vida, existem amores contrariados, paixões não compartilhadas, casais que não combinam e pequenos milagres de entendimento que desafiam as leis da atração.

    Entre Nelson e Claude, ela começa física. O contato dos dedos sobre o marfim, o perfume da madeira, os sons inebriantes. E é para a vida toda. Sua amiga Martha Argerich se sente mais próxima de Maurice Ravel: "É ele que me ama", corrige ela, numa mistura de coqueteria e humor. Nelson Freire vive um ménage à trois: "Debussy desperta um jogo de sedução entre o piano e mim".

A sensualidade do compositor francês tem tudo para preencher (e perturbar) a alma à flor da pele do pianista brasileiro. O grande Claude Achille é dotado de uma qualidade fundamental para uma personalidade tímida e emotiva como Nelson Freire. Ele evoca mais do que diz. Sugere em vez de explicar. *Never complain, never explain*, Debussy tem um lado "rainha da Inglaterra". Alguns compositores se expõem, apresentam, exibem seus talentos ou suas entranhas. Enquanto eles raciocinam, Debussy ouve o vento do mundo lhe trazendo, de leste a oeste, rumores antigos e sons novos, que enchem seu coração de uma emoção tanto mais irreprimível porque oculta.

Ninguém mais do que Nelson Freire se sente tão próximo desse pudor fecundo, desse refinamento silencioso, dessas vertigens internas. Ele tem paixão pela delicada dedicatória no manuscrito de *Children's Corner*: "Para minha querida Chouchou, com as ternas desculpas de seu pai pelo que vem a seguir". Depois da morte de Debussy, Alfred Cortot tocou alguns prelúdios para aquela que seguiria o compositor ao túmulo no ano seguinte. "Era assim que seu pai tocava?" "Sim, mas papai ouvia mais." Uma criança encantadora. Sentir com toda a alma e expressar-se pela música, eis o segredo. Chopin fazia o mesmo, ouvindo as confidências do piano com seus dedos finos e nervosos.

Nelson Freire conheceu Debussy graças a Lucia Branco, mas foi ouvindo Guiomar Novaes tocar *Poissons d'or* que ele começou a amar intensamente sua música. A primeira estudara em Bruxelas com Arthur de Greef, que louvava a naturalidade e advertia seus alunos contra a tentação de tocar Debussy devagar demais. Nelson recebeu o mesmo conselho da boca de Jacques Février. E uma conversa com Alain Planès, grande especialista no assunto, o encorajou nesse caminho. Nada de solas de chumbo em *Pas sur la neige*.

Nelson Freire toca Debussy ao longo de toda a carreira. Esse pendor natural nunca é eclipsado. Algumas obras fazem parte de seus bis preferidos porque mantêm o ouvinte num estado de sonho e leveza. Oito prelúdios do primeiro livro, além de *Reflets dans l'eau* (*Images I*), *Poissons d'or* (*Images II*), *Estampes*, *Children's Corner* e *La plus que lente* aparecem regularmente em seus programas.

O doce calor e a magia inebriante que Nelson traz a esse universo são incomparáveis. É difícil encontrar quem consiga chegar a um resultado de tanto esplendor na beleza do som, na riqueza, na emoção e no perfume das harmonias. Ele se junta a Walter Gieseking (seu preferido), Samson François, Michelangeli e Arrau no panteão dos poetas imortais do piano debussysta.

Rompendo de repente seu voto quase religioso de silêncio, Nelson se inflama: "Debussy tem muita sensibilidade. É superficial vê-lo apenas como mestre da cor. O coração e o espírito habitam essa música tão profunda".

Enquanto brasileiro, ele tem uma dívida para com o compositor francês. As palavras de Debussy sobre sua adorada compatriota Guiomar Novaes – "Uma jovem do Brasil com olhos ébrios de música" – enchem seus olhos de lágrimas. Nós a ouvimos, nós a percebemos. Basta escutar.

Tiradentes

Uma paisagem montanhosa de colinas verdejantes abriga a cidade de Tiradentes, que leva o nome do herói nacional, mártir da luta pela independência. Nelson Freire dá um recital nessa pérola ricamente colorida da arquitetura colonial, situada no estado de Minas Gerais. Ele ainda era criança quando tocou ali durante a pequena turnê que precedeu sua ida para o Rio. Faz sessenta anos que seus olhos não contemplam a matriz de Santo Antônio, obra-prima da época barroca. A decoração interna da igreja é extraordinária. Trezentos quilos de ouro recobrem esculturas e ornamentos em estilo rococó. De calça preta, paletó branco, gravata-borboleta preta, cabelos grisalhos, a sobriedade do pianista destoa do brilho policromático das diferentes capelas. Em 24 de novembro de 2006, ele toca a *Sonata op. 110* de Beethoven, Chopin (*Berceuse, Polonaise*), Bach e Franck.

A associação Música no Museu, que organiza concertos em lugares históricos do Brasil, se encarrega do transporte de um piano de cauda para o coro liliputiano da pequena igreja. Todos os assentos estão ocupados, não há nenhum espaço livre. Espantosamente, a música do pianista é uma imagem do lugar. Exuberante, rica, calorosa. Será a emoção das lembranças do passado que invadem o artista e chegam a fazê-lo perder a habitual reserva? Em seu país, o pianista brasileiro se permite uma entrega maior do que nos palcos europeus? Como se quisesse muito converter seus compatriotas à beleza clássica. Como se finalmente se soltasse. Ou como se, entre os seus, ele se esquecesse de cobrir seu caos com o véu da ordem e não tivesse escolha senão mostrar-se totalmente.

No dia seguinte, pegamos o trem para São João del-Rei. Um pequeno trem de 1908, puxado por uma maria-fumaça, atravessa as montanhas de Minas. Nelson Freire quer rever o lindo teatro onde tocou quando criança para uma associação de caridade. A *Rapsódia n. 2* de Liszt está no programa, entre obras populares brasileiras e grandes sucessos da época, como *La Mer*, de Charles Trenet. O guarda o deixa passar com deferência. No palco, pequenas ratinhas ensaiam um balé. A professora o reconhece e o apresenta às bailarinas, que o aplaudem com graça. Fotos, sorrisos, abraços, toda a beleza do Brasil nessas pequenas atenções e nesses sorrisos extasiados.

Turnê com Martha

Em 2003, Nelson é avisado de que a pequena casa na frente da sua, num pátio da Rue de Chaillot (perto da Avenue d'Iéna), está livre. Ele avisa Martha, que a compra rapidamente por um preço razoável e se aproxima do velho amigo.

No ano seguinte, eles tocam a dois pianos pela primeira vez no Brasil. Sucesso indescritível. Rio de Janeiro, São Paulo, Porto Alegre... No mesmo ano, eles tocam na sala Gaveau: Brahms, Rachmaninoff (segunda suíte), Lutoslawski, Ravel e Schubert (a quatro mãos). Durante esse período, Nelson para de fumar seus vinte cigarros por dia. Faz isso de uma só vez, atirando o maço de Marlboro no lixo. Assistir a seus velhos filmes em preto e branco se torna um suplício de Tântalo: neles, todos fumam como se respirassem. Bosco precisa se esconder para se entregar a seu próprio vício. Um dia, perguntei a Nelson quando sua mente se libertou desse vício. Ele me respondeu vivamente:

"Nunca!". Martha não consegue se livrar totalmente desse hábito, adquirido na adolescência. "Parar de fumar é a coisa mais fácil do mundo. Devo ter conseguido umas cem vezes" (Groucho Marx).

No outono, Nelson festeja seus sessenta anos em Buenos Aires. Ele participa de um concerto variado organizado por Martha e seus amigos no Teatro Colón. Uma peça para quatro pianistas termina como a *Sinfonia "Les Adieux"* de Haydn. Cada músico assopra sua vela e sai do palco num passo de bossa nova. "Martha deve ter passado mais tempo ensaiando sua dança do que a música", me conta Nelson, rindo. Em 2006, eles fazem outra grande turnê pela América do Norte: Québec, Nova York, San Francisco, Filadélfia...

O filme

"Um filme sobre um homem e sua música", anuncia o cartaz. Dirigido por João Moreira Salles, o maior documentarista brasileiro e irmão de Walter Salles (*Central do Brasil*, Urso de Ouro em Berlim). Iniciado em 2000, o longa-metragem é lançado em 2003, primeiro nos cinemas, depois em DVD. "O filme foi construído sobre meus silêncios", confessa Nelson. A câmera o segue por vários meses. Em La Roque, São Petersburgo, na casa de Martha em Bruxelas, na casa dele no Rio... Dois anos depois, o cineasta lhe diz: "Agora você precisa falar, Nelson". O pianista faz um esforço e faz lindas confidências: "Sempre conheci a solidão... Aprendi a amá-la... Preciso dela".

Vemos Martha e Nelson limpando o teclado do piano (cena de culto). Ela confessa ler à primeira vista com menos facilidade do que ele. Nelson lhe apresenta *Bailecito*, de Guastavino.

Eles o tocam em um concerto cinco dias depois. Pode-se julgar o resultado (magistral) graças a uma gravação pirata no YouTube. O documentário faz enorme sucesso no Brasil. A popularidade do pianista nunca foi tão grande em seu país. Ele é beijado na rua, os motoristas de táxi o reconhecem.

O filme também nos mostra um diálogo incrível com o maestro Henrique Morelenbaum nos bastidores. Eles acabam de tocar um concerto no Rio de Janeiro. O público pede um bis.

"Estava bom, não?", pergunta Nelson.

"Muito bom", diz o maestro, "com a energia e o impulso que você queria... Vamos, estão chamando você".

"Eu queria um cigarro."

"Depois o cigarro. Faça-os felizes."

"Não vou tocar mais nada."

"Algo leve... Eu lhe dou um cigarro se tocar de novo."

"Venha comigo."

"É você que eles querem... Vamos. Algo leve."

Depois de um gole de água, o pianista volta ao piano.

Ao completar sessenta anos, Nelson reserva quatro meses de sua agenda para tocar nos recantos mais remotos do Brasil. Ele toca o *Concerto* de Grieg e um breve recital numa igreja barroca em Olinda, cidade pernambucana e patrimônio mundial da Unesco. "Adoro tocar em cidades pequenas. Quando toco, eles adoram... Nas cidades grandes, as pessoas já não têm tempo de gostar."

Brahms

Em 2005 e 2006, Nelson Freire grava os dois concertos de Brahms ao vivo com a Orquestra do Gewandhaus de Leipzig, regida por Riccardo Chailly. O encontro de dois monstros sagrados. Acima de tudo, um diálogo entre dois pintores, que rivalizam em cores e nuanças com toda liberdade. Nelson, porém, nunca se sentiu totalmente à vontade com o *Concerto n. 1*. Dona Lucia não o ensinou a ele. E Guiomar não o gravou.

Nelson se apaixona por Brahms aos treze anos. O amor à primeira vista surge quando Nise Obino, de vestido preto decotado, toca a *Rapsódia n. 1*. Particularmente apreciado por Nelson é o *Concerto n. 2*, semelhante a ele em sua plenitude solar, em seu classicismo olímpico; mistura ideal de conhecimento e paixão. Existe uma gravação mais antiga e muito diferente, sob a batuta de Hort Stein, nos arquivos de uma rádio alemã. Versão mais viril, mais ardente. É impressionante como Nelson tocava de maneira inflamada na juventude! Nessa obra preferida, um brevíssimo trecho em oitavas (segundo movimento, a quarenta minutos e cinquenta segundos) faz tremer nosso gigante de pés de argila. Antes de cada concerto, ele toca sem parar essa passagem, com um nó no estômago.

Todo plano de voo apresenta turbulências, que diferem para cada pessoa. No *Le Monde de la Musique* n. 316, Nelson Freire confessa um problema técnico numa escala: "Uma coisa que todo mundo consegue fazer, menos eu [...]. No concertos, escondo com o pedal". Nicholas Angelich, a seu lado, não acredita. Para Ricardo Castro, "ele inventa dificuldades". Mas isso seria esquecer o famoso calcanhar de Aquiles. O invencível aqueu, aliás, era tão educado em música quanto treinado para o combate. Martha também fala de "dificuldades" que despertam a incredulidade dos que invejam sua técnica prodigiosa. Privar os que têm um dom de capacidades comuns aos simples mortais é no entanto uma lei da natureza. Asas de gigante não ajudam a caminhar.

Jovens

Impulsionada por Rosana Martins, a primeira edição do Concurso Nacional Nelson Freire para Novos Talentos Brasileiros acontece em 2003. Pablo Rossi (catorze anos) é um dos premiados. Nelson se vê nesse talentoso garoto, natural de São José. Ele o apoiará sempre que puder. Depois de estudar no Conservatório Tchaikovski de Moscou com Elisso Virsaladze, o jovem vence várias medalhas antes de se estabelecer na Bélgica. O concurso, infelizmente, dura pouco.

Nos dias 15 e 16 de setembro de 2005, o festival Piano aux Jacobins dá carta branca a Nelson Freire. Na primeira noite, ele apresenta um recital no claustro. Programa tipicamente freiriano: Bach-Siloti, *Sonata "Alla turca"*, *Sonata "Clair de Lune"*, Villa-Lobos e *Carnaval* de Schumann. No dia seguinte, ele toca música de câmara com os amigos. Pedido raramente concedido por Catherine d'Argoubet e Paul-Arnaud Péjouan, pois o festival toulousano é estritamente dedicado ao piano.

Com essa exceção ao regulamento, Nelson Freire quer chamar a atenção do público para seu compatriota, o pianista Luiz Gustavo Carvalho, natural de Minas Gerais como ele. Ele também apoia seu primo de Belo Horizonte, o flautista Mauricio Freire Garcia (filho de Neyde e Dayse). Juntos, eles tocam a *Sonata op. 13* de Fauré e a *Sonatina* de Radamés Gnattali. Ele também volta os holofotes para dois protegidos de Martha Argerich: o violinista suíço Geza Hosszu-Legocky e o pianista argentino Adriel Gómez Mansur.

Em 2009, o Concurso Internacional de Piano do Rio de Janeiro renasce das cinzas. Lembremos que Nelson foi um dos premiados em 1957. Com a ajuda do BNDES, cerca de uma centena de pianistas participa das eliminatórias. Nelson Freire aceita ser o padrinho do evento, como sempre quando se trata de defender a música em seu país. Ele toca durante a cerimônia de abertura com a Orquestra Sinfônica Brasileira no Theatro Municipal do Rio de Janeiro. Mas o concurso dura pouco. Três outras edições acontecem, depois a competição acaba declinando.

Bahia

Em 2007, o pianista e regente Ricardo Castro cria um programa de educação musical para 6 mil crianças do estado da Bahia e uma Orquestra Juvenil (no modelo do Sistema venezuelano), que faz turnês pelo mundo inteiro. Nascido em Vitória da Conquista, Ricardinho (como Martha o chama) conhece Nelson em Salvador, no final dos anos 1970. "Eu tinha catorze ou quinze anos. Assisti a um recital de Nelson. Para mim, a referência enquanto pianista. Ele me disse que queria ir à praia e nós fomos, conversando. Mais tarde, marcamos um encontro no Rio e toquei alguma coisa para ele. Ele flertou comigo, mas essa não era minha praia. Ouvi-o tocar. Ele tinha tanta facilidade. Trabalhava o som, nada mais. Todo o resto já estava pronto. Ele lia à primeira vista, a música já estava dentro dele. Eu o admirava, mas sua maneira de viver não me atraía nem um pouco. Eu o achava estranho. Uma grande carreira comporta mais momentos infelizes do que momentos felizes. Por mais que estivesse cercado de pessoas, ele estava sempre sozinho."

Ricardo Castro estudou em Genebra com Maria Tipo. Ele foi premiado no concurso da ARD de Munique, no concurso Geza-Anda e primeiro lugar no concurso de Leeds. No início dos anos 2000, formou um duo com Maria João Pires. Hoje, além da Orquestra Juvenil, dá aulas em Genebra e Lausanne. "Eu digo a meus alunos: não se isolem. Quem está à noite em Paris e no dia seguinte em Nova York, não tem mais nada para dar. Sempre que eu cruzava com Nelson, eu o sentia triste por trás de uma alegria de fachada. Em 1990, ele substituiu Maria Tipo no *Concerto* de Schumann. Uma crítica negativa o derrubou por um mês. Antes do ano 2000, óculos escuros e garrafa de uísque. Depois, tudo se tornou uma correria, mas os aplausos não têm nada a ver com a felicidade. Vi Martha recentemente, ela não para de se queixar. Isso não é vida!"

Graças a sua orquestra e a um equilíbrio familiar, Ricardo Castro teve a sorte de escapar da maldição que quase sempre atinge os virtuoses. Ele lamenta que Nelson nunca tenha tocado com a Orquestra Juvenil da Bahia. O *Concerto n. 2* de Chopin é previsto, depois cancelado por causa de uma tendinite. Mais tarde, uma turnê pela América do Sul é organizada, mas o *acidente* e o covid-19 impedirão o projeto.

Entrevista

Em fevereiro de 2009, visito Nelson em sua casinha parisiense. Ele tinha me prometido uma entrevista para o programa *Radio Classique* por ocasião do lançamento de seu CD Debussy pela Decca. Ele não se sente bem. Está com dor de cabeça. Sugiro voltar no dia seguinte. Ele aceita, agradecido, e me convida para jantar. No dia seguinte, está melhor, embora tenha que superar uma repugnância visceral de se prestar ao exercício da entrevista. Alguns trechos da conversa:

Debussy: "É um músico que adoro. Depois de Chopin, é quem nos faz descobrir os segredos do piano. Eu não quis oferecer uma interpretação pessoal. Tudo está na partitura. Debussy é muito claro e minucioso nos mínimos detalhes".

Carreira: "Para começar, é preciso talento, como dizia Rubinstein. E trabalho, mais do que se pensa, muito mais. Depois há outras coisas, não? Mas a carreira nunca foi meu objetivo principal".

Concertos: "Comecei muito jovem. Fiz uma pausa por volta dos dezoito anos e nunca mais parei, com altos e baixos. Por volta dos trinta anos, é sempre difícil para os pianistas, somos menos jovens e ainda não somos maduros".

Martha: "Gostamos de ouvir rádio e de nos divertir identificando os pianistas. Um dia, ela me contou que ouviu a *Fantasia* de Schumann e pensou: 'Essa maneira de tocar me é familiar. Talvez seja Nelson'. Ela esperou até o fim. Era ela!".

Horowitz: "Ninguém explorou o piano tão bem quanto ele. Não apenas com as mãos. Sua maneira de usar os pedais é única".

Entrevistas: "Está bom? Melhorei?".

Ele havia preparado tudo na cabeça, como se fosse um concerto. Na frente do microfone, consegue ser natural, ainda que a experiência lhe dê um nó no estômago. Ele usa expressões metafóricas e engraçadas. Como a respeito de Guiomar Novaes: "Ela tinha fé. Ela era... podemos dizer *fé-ente*?". Ele sabe muito bem que a palavra não existe. Ele se diverte com o toque alemão que a palavra adquire e com esse belo achado.

Como está tenso e repassa lembranças, é difícil interrompê-lo. Ele não dialoga muito, é verdade, mas ouvi-lo fazer confidências é um presente. Apesar de tudo, está sempre aberto ao próximo. Reage na mesma hora. Basta conhecê-lo o suficiente para não romper a magia ou frear seu impulso com uma observação banal. Uma vez, ele me disse (longe do microfone): "Me fazem perguntas que nunca faço a mim mesmo. Tentar respondê-las é desafiar a Deus". Puro Nelson! Mas nenhuma agressividade, jamais. Ou ele dá tudo de si, ou se fecha em sua concha. Ele tem uma memória prodigiosa para anedotas e datas. Uma mente associativa. Um dom de contador de histórias. Nele, aliás, tudo é narrativa. Alegria da narrativa. Senso do detalhe verdadeiro. Nada de generalizante, conceitual, vago ou tagarela.

Sua alegria de reviver um tempo passado. Sua emotividade à flor da pele. Seu medo de não encontrar a palavra certa, embora todas as palavras soem certas. Sua gentileza. Sua maneira de pontuar algumas frases com um "não?", recorrência do antigo "não é mesmo?" das conversas de outrora. Sua maneira maravilhada, infantil e gulosa de ouvir música.

A música, a música, a música...

Últimos anos

Em 2010, Nelson é jurado do Concurso Chopin de Varsóvia. Martha Argerich, Bella Davidovich e Philippe Entremont também participam do brilhante areópago reunido para a edição do bicentenário. A proclamação dos resultados provoca bastante rebuliço. Ao premiar a russa Yulianna Avdeeva, o júri é atingido pela fúria da imprensa, do público e das personalidades musicais. "Uma boa pianista, sem centelha divina", diz o reitor da Academia de Gdansk. O austríaco Ingolf Wunder (meu preferido) e o lituano Lukas Geniusas obtêm "apenas" o segundo lugar. Nelson Freire revela sua preferência por um candidato de dezenove anos que recebe o terceiro lugar e o prêmio de melhor mazurca: o russo Daniil Trifonov. Instintivamente, ele reconhece um grande artista. Nelson telefona para Valery Gergiev: "Para mim, é ele". Não é preciso dizer mais nada. O maestro osseta o ouve e concorda. É ele! Assim é lançada a carreira de um dos maiores pianistas vivos.

Natureza

Para Sviatoslav Richter, o trabalho do artista se baseia em dois pilares: trabalho e oração. O músico é um operário da arte e um monge. Nelson Freire acrescenta um terceiro pilar a essa base. A contemplação da natureza. Senão a vida se torna seca demais. Sua cultura é católica. O catolicismo sensual dos pintores italianos. Ele precisa de beleza, cores e perfumes. De seu jardim cheio de buganvílias, laranjeiras e cássias-imperiais. Seu apego visceral ao país natal também se ancora nessa natureza extremamente diversa. É preciso ir ao Rio de Janeiro ao menos uma vez na vida para entender a luta silenciosa entre a cidade e a vegetação. Cada metro quadrado é disputado acirradamente. Na maior parte do tempo, a natureza cede, mas, ao menor sinal de fraqueza, recupera o espaço confiscado.

Em viagem, Nelson Freire sente uma necessidade imperiosa de natureza. Muitos artistas não saem de seus quartos de hotel ou contemplam as vitrines. Ele tem sede de verde, maresia e ar puro. Ele vai tocar em Portugal e sua amiga Gilda Oswaldo Cruz lhe sugere uma caminhada à praia do Guincho. Ele não apenas aceita na hora como fica vinte longos minutos contemplando o mar.

Turbilhão

Em 2012, quando fui visitá-lo no Rio, Nelson me disse: "Espero dar cada vez menos concertos. Preciso preservar o prazer de compartilhar um prazer raro com o público". Mas o público e os organizadores não pensam o mesmo. Estão apaixonados por Nelson Freire. Todas as grandes praças musicais o solicitam ao menos uma vez por temporada. Europa, Japão, América, ele não para de tocar e viajar. De certo modo, esperou bastante por esse reconhecimento. Não que ele tenha sentido falta desse frenesi, mas que artista é capaz de se conter diante do sucesso que lhe estende a mão? Principalmente porque nunca se pode ter certeza de que esse entusiasmo durará.

Entre 2015 e 2019, ele está sempre em movimento. Sem tempo para preparar obras novas. "Criado do público", dizia Wagner a respeito do jovem Liszt. Os nervos são submetidos a uma dura prova. Aparentemente, tudo vai bem. Ele está sempre ocupado, é desejado, amado, celebrado, aplaudido. O corpo aguenta, a mente se dobra, o coração só se sente vivo com a adrenalina do palco. No resto do tempo, ele hiberna ou se entedia. Deveria aprender a falar não. Mas vá dizer ao pássaro para voar menos ou peça ao peixe que ele pare de nadar. Depois de largarmos o fumo e a bebida e de sentirmos as restrições impostas pela idade em vários âmbitos, ao menos nos restará esse sublime vício que gostamos de acreditar que pode ser mantido sem moderação. E, quando fazer música se baseia no amor, é impossível renunciar a esse néctar dos deuses servido em profusão.

Animais

Nelson Freire não consegue viver sem animais. "Só me *relaciono* com os animais", ele me diz, saboreando sua frase. Com animais e crianças, seu vínculo é imediato. Nos anos 1970, ele teve um boxer, Petrushka. Misty foi sua companheira. Eles viveram felizes e tiveram filhotes. Nos anos 2000, Danuza e Dunga faziam os visitantes tremer com seu tamanho impressionante.

Em Paris, nenhum cachorro. Pouco espaço. Temporadas breves demais. Mas um grande gato laranja um dia miou à sua porta e se instalou na pequena casa. Züss se tornou a mascote da Rue Chaillot. O gato mais manso que já se viu... e que mais soltava pelo. Os amigos ficavam com o gato quando ele não estava na cidade. Fui um desses amigos. Várias vezes Bosco me levou o gato dentro de um cesto, com uma sacola de petiscos e um creme bávaro em agradecimento. Até que o gato morreu, em novembro de 2018. Martha, que se apegara ao bichano, ficou abalada. *O verdadeiro escândalo é a morte*, canta Jeanne

Moreau. Palavras que Martha poderia dizer sem hesitação. As cinzas de Züss foram espalhadas ao redor da casa.

Tendinite

Em março de 2010, o primeiro caderno dos *Estudos* de Chopin é lançado pela Decca, quase dez anos depois do segundo. De bônus, a *Barcarola* e a *Sonata n. 2*. Nelson grava o *Estudo op. 10 n. 2*. O mesmo que fizera Horowitz e Rubinstein recuar, única coisa em que puderam concordar. No jornal *Gramophone*, Tom Deacon ironiza: ele será capaz de tocá-lo nos palcos? A alfinetada, vinda de um crítico que sempre lhe fora favorável, machuca. Não é por mal, mas o comentário o acerta em cheio. Nelson recua diante do desafio ao vivo e evita se inflamar.

Justamente! Naquele ano de 2010, o pianista sofre de tendinite e cancela vários recitais. Ele se ausenta das salas de concerto por vários meses. Nunca é demais se precaver desse problema que às vezes pode evoluir para uma distonia focal e uma interrupção total das atividades. Leon Fleisher que o diga. Michel Béroff também.

No ano seguinte, um projeto de disco com obras de Liszt começa a amadurecer. Como de costume, Nelson esboça o conteúdo e muda de ideia até o último dia. Diante da lembrança ainda recente do braço dolorido, a *Mephisto Waltz* está fora de cogitação. O programa é composto por peças já tocadas em público. "Só conhecemos uma obra depois que a tocamos ao vivo", ele costuma dizer. E então, sob o título *Harmonies du Soir*, surge uma novidade em seu repertório: a *Rapsódia húngara n. 3*.

Brasileiro

Em 2012, Nelson grava para a Decca um disco importante: *Brasileiro*. Como seus gloriosos antecessores, ele sempre dedicara uma parte substancial de seus programas à música de seu país. Dessa vez, um disco inteiro: o gesto é magnífico.

O herói nacional desse grande país em forma de coração se chama Heitor Villa-Lobos. Apaixonado pelo folclore brasileiro e pelas músicas indígenas, Villa-Lobos percorre a floresta amazônica aos dezoito anos para recolher cantos e danças tradicionais. Ele descobre o *choro* (improvisação coletiva) nas ruas do Rio e completa sua formação no Instituto Nacional de Música. Graças a Arthur Rubinstein, consegue uma bolsa para estudar em Paris nos anos 1920 e se torna uma coqueluche. Em agradecimento, *Rudepoema* é dedicado ao pianista, que o toca em 24 de outubro de 1927 na sala Gaveau.

De volta a seu país, Villa-Lobos chega a uma síntese ideal entre o rigor clássico e o encanto potente da tradição popular. Ele escreve milhares de obras de imaginação transbordante, ritmo exuberante e diversidade suntuosa. À imagem de seu país. Essa força da natureza "com dentes de crocodilo e olhos radioativos" (Florent Schmitt) concebe um sistema de aprendizado de música para todos os brasileiros, organiza o ensino musical e cria a Academia Brasileira de Música. O que o Grupo dos Cinco construíra na Rússia e Albéniz na Espanha, Villa--Lobos realiza em seu país, abrindo o caminho para três gerações de compositores. O piano ocupa um lugar de destaque em sua obra tão gigantesca, variada e luxuriante quanto o país que o viu nascer.

Camargo Guarnieri é o outro gigante brasileiro. Estabelecido em São Paulo, ele dirige a orquestra e o conservatório da grande rival do Rio de Janeiro. Koussevitzky e Bernstein tocam suas obras. Depois de um concerto de Guiomar Novaes em 1935, Guarnieri sonha com sua famosa *Tocata* na noite seguinte. Peça muito virtuosística. Em 1988, ele dedica seu *Estudo n. 20* a Nelson Freire. Francisco Mignone, por sua vez, formado em Milão e estabelecido no Rio, escreve obras regidas por Toscanini, Erich Kleiber e Richard Strauss. Gieseking toca sua *Maroca* e Gulda, sua *Congada*. Também excelente pianista e maestro, ele dedica seu *Choro* a Nelson Freire em 1977.

Oscar Lorenzo Fernández também tem seu momento de glória. Seu *Batuque* (1930) foi regido por Toscanini e Bernstein. Nise Obino considerava seus *Três estudos em forma de sonatina* sua obra-prima. Claudio Santoro teve um período dodecafônico antes de voltar para o seio da música popular. Nelson tocou sua *Toccata* de 1955 durante o Concurso Internacional do Rio, em 1957. Santoro lhe dedicou sua *Balada* de 1976.

Na geração anterior a Villa-Lobos, lembremos os nomes de Alexandre Levy (1864-1892), cujo *Tanto brasileiro* brilha intensamente, e Henrique Oswald, que escreveu uma música refinada. Para Nelson, ele é o "Fauré brasileiro". Sempre preocupado com os mínimos detalhes, o pianista insiste junto à sua gravadora para que o texto de apresentação seja assinado por um dos maiores musicólogos brasileiros: Manoel Corrêa do Lago. Este tem a particularidade de ser ao mesmo tempo presidente de uma riquíssima empresa de exportação de café e autor de várias obras de referência. Grande novidade: seu texto será publicado em português na edição internacional.

Percebe-se nisso a mão de Nelson Freire, que lamenta a invasão do inglês em seu país e me disse muitas vezes: "Vocês, franceses, têm razão de defender sua língua". O que não o impedia de falar perfeitamente francês, inglês, alemão, espanhol e italiano, ainda que sua preferida fosse a linguagem dos olhos.

Saúde

Em 2013, Nelson é diagnosticado com um câncer de próstata. Ele se submete a sessões de quimioterapia e radioterapia no Rio de Janeiro. Em 2018 ele se descobre livre da doença, pois ela não se manifestara por cinco anos.

Nos últimos tempos, Nelson sente cada vez mais dificuldade para ler. Ler partituras ao piano é uma de suas maiores alegrias. Ele sofre de uma degeneração da retina (DMLA) na forma seca, atrófica. Mais incômoda que a forma úmida, ela afeta a visão central e não pode ser freada por injeções intraoculares.

O câncer não o impede de tocar. Para completar um próximo álbum Chopin com o *Concerto n. 2 em fá menor*, Nelson viaja a Hamburgo no final de 2013 e grava o *Impromptu n. 3*, a *Balada n. 4*, a *Berceuse*, as *Mazurcas op. 50* e a *Polonaise heroica*.

Em 2014, ele volta ao estúdio para a *Sonata op. 111* de Beethoven – somente obras maduras depois desse novo golpe do destino! – e o *Concerto "Imperador"* de Beethoven com seu querido Riccardo Chailly e a Orquestra do Gewandhaus de Leipzig. Em agosto de 2015, será o álbum Bach. Páginas essenciais nesse período difícil. Retorno às bases quando o equilíbrio vacila.

Retorno a Ítaca

O dia 1º de agosto de 2015 talvez seja um dos melhores de sua vida. Um grande concerto ao ar livre é realizado em Boa Esperança, sua cidade natal. Num amplo parque, uma tenda é erguida para abrigar o palco, como em La Roque d'Anthéron. Uma multidão se senta em cadeiras. De onde saem aqueles milhares de cadeiras? Nelson toca o *Concerto n. 4* de Beethoven com a Orquestra Filarmônica de Minas Gerais sob a regência de Fabio Mechetti. A emoção do pianista é palpável. Uma expressão de indizível felicidade emana de seus olhos de lagarto deslizando sobre águas plácidas. Seus irmãos e irmãs (os que ainda estão vivos) estão presentes. Os amigos também. Há pessoas do Brasil inteiro para assistir a esse momento excepcional. Mas onde toda essa gente conseguiu se hospedar?

Lionel

Por ocasião de seus setenta anos, em 2014, Nelson participa da turnê da Tonhalle de Zurique pela América do Sul com o *Concerto* de Schumann. Em São Paulo, a orquestra toca o "Parabéns a você". Uma relação especial o liga ao diretor musical da época, o jovem maestro Lionel Bringuier, natural de Nice. Vencedor aos dezoito anos do Concurso de Besançon, ele tinha sido escolhido por Gustavo Dudamel para ser seu assistente na Orquestra de Los Angeles.

Quarenta anos separam o pianista do *French conductor*, mas a sintonia é total. O primeiro encontro acontece em fevereiro de 2008 por uma intuição do *manager* da Orquestra da BBC, Paul

Hugues. Eles tocam o *Concerto n. 2* de Chopin em total sintonia. Depois do concerto, o pianista parabeniza calorosamente o maestro. Ao fazer sua estreia no The Proms de Londres, Nelson Freire pedirá para ser acompanhado por Lionel Bringuier.

Eles se encontram na África do Sul com a Alma Chamber Orchestra para o *Concerto n. 4* de Beethoven por ocasião de um concerto pela paz na presença de Winnie Mandela. No avião de volta, os dois músicos ficam lado a lado e conversam por uma boa parte da noite. Para a gravação do *Concerto n. 2 em fá menor* de Chopin, Nelson pede de novo a presença de Lionel Bringuier, que rege os músicos do Würzenich de Colônia.

Os dois têm em comum um instinto musical desprovido de ego, gestos claros e coração puro. Lionel Bringuier fica comovido com a gentileza do pianista e maravilhado com o fato de ele sempre ter as últimas publicações: "Na sua idade, ele se mantém a par das descobertas musicológicas recentes e gosta de compartilhá-las". Nelson fica tocado que Lionel dedique um ensaio inteiro ao concerto. Ao contrário do que alguns dizem, ele gosta de ensaiar com orquestra, por menos que esta esteja disposta a tocar.

O jovem sabe estar diante de um gigante. Ele tem sede de aprender, e Nelson fica feliz de lhe oferecer seu tempo. Humilde, Lionel quer estar à sua altura. Em 2011, ele vai a um recital de Nelson e sai maravilhado: "Ele é um poeta". Lionel se coloca a serviço da visão do pianista com todo seu talento e sua vontade de puxar a orquestra para cima. Isso não é muito comum. "Estamos aqui para dar nosso melhor. Nelson vive para a música. Esse dom total é impressionante." Eles também tocam o *Concerto n. 2* de Brahms em Valladolid, o *Concerto n. 2* de

Chopin com a Orquestra Filarmônica da Radio-France na sala Pleyel. "Durante os ensaios, Nelson não muda nada na estrutura de sua interpretação, mas a narração se enriquece com novas ideias." O maestro é flexível o bastante para seguir o pianista em suas intuições, e suficientemente seguro de si para se permitir um diálogo quase improvisado.

Essa aventura se prolonga por dez anos, em cerca de trinta concertos. Nelson quer que eles toquem o Grieg juntos, mas a vida decidirá outra coisa.

Juliana

Em 26 de maio de 2014, Nelson Freire dá um recital na sala Pleyel no âmbito dos concertos Piano 4 Étoiles. O programa é bastante "nelsoniano" em sua diversidade, generosidade e semelhança com um banquete dos deuses: *Andante Favori* e *Sonata n. 32* de Beethoven, *Collines d'Anacapri*, *Soirée dans Grenade*, *Poissons d'or* de Debussy, *Berceuse*, *Balada n. 4* e *Polonaise heroica* de Chopin. Na sala, eu encontro a excelente pianista Juliana Steinbach, que conheci durante um concerto que apresentei na Fondation Cziffra.

Nascida em João Pessoa, ela deixara o Brasil com dois anos e meio de idade junto com a mãe, que tentava escapar de um pintor de origem alemã. O pai de Juliana. Esse grande sedutor logo ficaria preso por muitos anos por duplo assassinato. Pergunto a Juliana se ela conhece Nelson. Ela o conhecera em 1999, quando ele era membro do Concurso Martha Argerich em Buenos Aires. Depois de ser eliminada nas quartas de final, ela teve seus documentos e dinheiro roubados. Nelson se ocupou de seu passaporte brasileiro e Martha de seu passaporte francês.

Eu a (re)apresento a Nelson, que se lembra dela. Uma bela amizade tem início entre eles. No início, Juliana fica intimidada e mantém uma distância formal, "à francesa". No dia em que Nelson a convida a falar com ele em português, a relação se torna mais natural, "à brasileira". O que Juliana ainda não sabe é que Nelson conhece o cunhado de seu pai, pianista e compositor em Viena. Ele tem inclusive uma partitura com seu nome: José Alberto Kaplan. "Comprei-a quando estava sem dinheiro e ele deve ter se livrado dela quando estava sem dinheiro também", conta Nelson rindo. Outra coincidência: esse tio cuidara de Bosco quando ele era pequeno e fora seu professor de piano em João Pessoa. *O mundo é pequeno*. Eles estão em família, portanto.

Nelson torna-se muito protetor em relação a Juliana. Ele a incita a tocar o *Concerto* de Reynaldo Hahn (tocado por Magda Tagliaferro), que ele não teve tempo de tocar. Ele a faz descobrir compositores brasileiros e a incentiva a gravar um disco de músicas brasileiras. Concebe inclusive o programa: "*A prole do bebê n. 2*, muito interessante e difícil. Para completar, as valsas de Radamés Gnattali, uma espécie de *Valsas nobres e sentimentais* à la Ravel. Se não conhece, trarei a partitura...".

Juliana se casa com o vizinho de baixo, Nicolas, um controlador de tráfego aéreo. Essa história, que poderia ser uma comédia romântica americana com Audrey Hepburn ou Julie Andrews, deixa Nelson fascinado. Quando Juliana dá à luz uma menina chamada Olympe Guiomar (em homenagem a Guiomar Novaes), Nelson e Bosco acorrem a seu pequeno apartamento do quinto *arrondissement* com um enxoval comprado na Itália. Ao lado, um CD recém-relançado do espetacular *Concerto n. 2* de Saint-Saëns, gravação de Nelson em Berlim em 1995. "Eu tinha 42 anos. Você precisa tocá-lo." Ela o tocará em Belo Horizonte. Também aos 42 anos...

Em agosto de 2017, Nelson aceita dar um recital no pequeno festival que Juliana criara na região de Charolais-Brionnais, onde seus pais têm uma casa de férias. O cachê é simbólico e a igreja de Bois-Saint-Marie, minúscula, mas o concerto é memorável. Fazia tempo que Nelson não tocava num lugar tão íntimo. Ele apresenta um verdadeiro recital: Bach-Siloti, Bach-Busoni, Bach-Hess, *Fantasia* de Schumann, *Boneca* de Villa-Lobos, *Vers l'azur* de Stojowski, *Sonata n. 3* de Chopin. Uma refeição suculenta é preparada por um jovem chef, verdadeira estrela da televisão brasileira, na casa de vendedores de arte genoveses que moram no vilarejo.

Drama

Em fevereiro de 2017, Nelson grava mais uma vez a *Sonata op. 5* de Brahms, bem como peças do opus 76 e dos opus 116 a 119, chamados "Intermezzo". Sua paixão por Brahms é conhecida. Ele sente pelo compositor um reconhecimento eterno desde que duas *Rapsódias* o haviam "salvado" de uma depressão no retorno de Viena. De seu ponto de vista, o opus 76 é "mágico". No palco, ele nunca tocou os *Klavierstücke* na íntegra e por muito tempo tocou apenas o opus 119. Nos bis, essa música com frequência lhe arranca lágrimas. O *Intermezzo n. 2 em mi menor* é muito especial para ele. Principalmente quando a melodia passa para o modo maior na segunda parte: "Parece a Lua saindo de entre as nuvens". Sua paixão por Brahms se mistura a seu amor pela natureza. Ele vê a *Sonata n. 3* como uma imensa montanha da qual aos poucos distinguimos os rochedos, os arbustos e os caminhos.

 Em setembro de 2017, Nelson viaja para a Austrália para tocar. Bosco cede seu lugar de acompanhante a Manoel. Eles passam por Paris, depois viajam por Dubai. Nelson toca o *Concerto* de Schumann. Três vezes em Sidney, três vezes em Melbourne. Tudo acontece às mil maravilhas. Ele fica encantado. E dá inclusive um recital em Sidney com uma *Sonata op. 110* de Beethoven particularmente inspirada. Retorno a Paris. Martha está na cidade. Jantar, fotos, momentos entre amigos.

 Enquanto isso, Bosco passa os dias sozinho na grande casa do Joá. Numa tarde de sábado, almoça na sala com as irmãs. Depois sobe ao estúdio de Nelson e se senta ao piano. Nunca o ouvi tocar. Martha nos incentivara a tocar a quatro mãos, dizendo que seria bom para nós dois. Concordamos em tocar a *Fée Dragée* de Tchaikovski, mas não conseguimos encontrar tempo para nos encontrar. Acho admirável que Bosco continue tocando, mesmo vivendo com um artista como Nelson Freire. Muitos em seu lugar teriam jogado a toalha.

 Mais tarde naquele dia, ao descer até a casa, Bosco constata que a porta principal está entreaberta. Ele pensa que Miguel talvez esteja recebendo amigos. Ele entra e vê dois desconhecidos vasculhando as gavetas. Deveria ter saído e chamado socorro, mas grita: "O que vocês estão fazendo aqui?". Um dos rapazes corre até a cozinha e pega uma faca. Bosco sai correndo. Em vez de ir para a rua, ele sobe na direção do jardim e é agarrado pelos agressores. A arma perfura seu estômago, ele grita.

Os dois malfeitores fogem levando seu butim. Relógios, telefone, joias... Por sorte, Bosco está com o celular. Ele liga para Miguel, que responde "Estou chegando! Enquanto isso, vá para a casa dos vizinhos". A adrenalina o faz esquecer da dor. Um vizinho presta os primeiros socorros. Ele perde muito sangue. Miguel o leva ao hospital. Foi por pouco: a lâmina passou a poucos milímetros de um órgão vital. Vindos de uma favela, os garotos entraram na casa escalando um pequeno muro. O lugar logo seria fechado por uma densa vegetação.

Bosco se recusa a contar o ocorrido a Nelson para não o preocupar. No início de outubro, na véspera de seu retorno ao Rio, o pianista telefona de Paris, onde está com Manoel e Martha. Ele deve tocar em São Paulo dentro de alguns dias. "Não poderei acompanhá-lo", diz Bosco. Intrigado, Nelson pergunta o motivo, Bosco acaba contando tudo. Nelson fica chocado. A casa paradisíaca o fizera esquecer da selvageria do Brasil, que inunda os jornais dos canais de notícias à americana. Na idealização de seu país, Nelson não quis ver que, embora os brasileiros fossem "o açúcar da terra", a violência era a face oxidada de uma mesma moeda de ouro.

Férias

Embora o corpo comece a demonstrar sinais de cansaço, Nelson nunca dá tantos concertos quanto durante seus três ou quatro últimos anos de atividade. Antigamente, ele tocava como um deus e poucos sabiam disso. Hoje, já não tem vinte anos e todos querem ouvi-lo. Em Nohant, durante o Festival Chopin, ele acaba o concerto todo suado, totalmente exausto.

Outra vez, em La Chaux-de-Fonds, depois de receber uma notícia ruim e enquanto cai uma chuva torrencial, ele não conclui o recital. Vazio, extenuado, anula a maioria dos concertos de verão, menos Mônaco e La Roque d'Anthéron, onde deve tocar o *Concerto n. 4* de Beethoven. Juliana Steinbach imagina que ele vá desistir do festival na região de Charolais-Brionnais, mas ele confirma sua ida. Cereja do bolo, Nelson insiste em estar lá no dia 2 de agosto, para o aniversário de Juliana, e dividir o programa com ela. Ele pede para começar: "Assim, posso ouvi-la depois". Na magnífica igreja de Bois-Sainte-Marie, ele toca a *Sonata "Clair de lune"*, o *Noturno* de Paderewski, a *Polonaise heroica*, duas ou três mazurcas e o *Scherzo n. 4*. Juliana continua com Schumann: *Fantasia* e *Arabesque*. Os dois artistas ficam lado a lado para o primeiro movimento da *Sonata em ré maior* de Mozart, a *Suíte n. 1 "Peer Gynt"* de Grieg, *A folia de um bloco infantil* de Villa-Lobos e as valsas de Brahms.

Acompanhado por Manoel, Nelson é recebido no castelo de um mecenas transilvano em Varenne-l'Arconce. Uma cozinheira húngara prepara as refeições. O pianista dispõe de uma academia, de uma piscina privativa e, cúmulo do luxo, de uma máquina Nespresso no banheiro. Ele fica tão feliz que pergunta a Juliana se pode voltar. Três semanas depois, Nelson volta com Bosco e tira férias de verdade. Uma grande estreia. Na hora certa, pois ele está exausto.

O mecenas húngaro volta a colocar seu castelo à disposição, com seus criados e uma Mercedes conversível. No Steinway da sala, Nelson toca o *Concerto n. 4* de Beethoven, o *Concerto n. 4* de Rachmaninoff, o *Concerto* de Grieg, *Liebestod* de Wagner-Liszt. Além do piano, das refeições suculentas e da piscina, Nelson decide passear. Ele dirige a Mercedes a uma velocidade de trator e se delicia com a paisagem. Juliana o guia até a montanha de Suin.

Visita à igreja romana onde Juliana se casara; parada diante da Virgem que se eleva sobre o vale e momento de contemplação de uma paisagem onírica. Faz tempo que Bosco não vê Nelson tão relaxado. "E se comprássemos alguma coisa aqui?", murmura o pianista, maravilhado. De repente, uma *biche* passa correndo. Juliana pergunta: "Como se diz *biche* em português, mesmo?". Nelson aperta os olhos com malícia: "Veado!". Mas é claro! Como ela pôde esquecer? Os americanos dizem *queer*, os franceses *tapette*, os espanhóis *maricón* e os brasileiros *veado*. Eles caem na gargalhada. Depois de uma semana, Nelson pergunta se pode ficar mais um dia, mais dois, mais três. Ele volta para Paris a contragosto, encantando com a estada na Borgonha, que lhe lembra, de alguma forma, sua Minas Gerais natal.

Depois dos concertos em Mônaco e La Roque, Nelson interpreta o *Concerto n. 4* de Rachmaninoff com a Orquestra de Rotterdã sob a regência de Lahav Shani. Para os que o assistem, o concerto é fe-no-me-nal. Retorno ao Brasil.

Aniversário de 75 anos

De novo no país, Nelson toca em Campinas, perto de São Paulo, e em Brasília, a convite do musicólogo Alexandre Dias. Em 12 de outubro de 2019, ele vai ao Theatro Municipal do Rio para ouvir Cristian Budu e Leonardo Hilsdorf tocando o *Concerto para dois pianos* de Poulenc com a Orquestra Sinfônica Brasileira. Apoia esses dois jovens pianistas. Principalmente

Budu, que venceu o prêmio Clara Haskil em Vevey. Sempre curioso. Generoso. Nelson também se encontra várias vezes com o jovem Fabio Martino, nova promessa do piano brasileiro, que me surpreendeu ao concorrer no Masters de Monte Carlo. "A curiosidade dos artistas costuma diminuir com a idade", diz Nikolai Lugansky, "menos em Nelson". Nos palcos ou no rádio, ele tem grandes entusiasmos. Daniil Trifonov foi um deles, mas também Philippe Giusiano, Jean-Claude Pennetier, Lukas Geniusas…

Tomado por uma intuição, Nelson escreve à prima Olma: "Prima querida, eu ficaria muito feliz de festejar meus setenta e cinco anos com toda a família". Olma não se faz de rogada: convida cerca de setenta Freire e agregados. Em 18 de outubro de 2019, dia de seu aniversário, Nelson dá um concerto diurno em Belo Horizonte. Toda a família comparece e se encontra na fazenda de Olma para um banquete pantagruélico.

Os olhos de Nelson se iluminam diante de dois suculentos leitões à pururuca. Um gira do lado de fora, regularmente aspergido de gordura, o outro assa na cozinha. Nelson não consegue tirar os olhos dos leitões, da montanha de saladas, dos queijos, das frutas e das sobremesas. De repente, ele vê a maravilha das maravilhas. Um pudim de leite. A calda reduz por horas a fio em fogo baixíssimo. Sua infância está ali. O paraíso perdido reencontrado. Ele suplica à prima Olma que lhe reserve metade do pudim para levar para casa.

Projetos

De volta ao Rio, ele dá seu consentimento definitivo a uma turnê por doze teatros históricos do Brasil com Juliana Steinbach.

Eles tinham tido essa ideia em Charolais-Brionnais. Dividirão o palco como em Varenne-l'Arconce. Metade-metade, depois a quatro mãos. Manaus, Belém, Recife, Fortaleza, Porto Alegre, Ouro Preto, onde fica "o mais velho teatro do mundo". American Express e grupo Accor financiam o projeto. A turnê está prevista para 2020. Enquanto isso, eles tocam em Ilhabela, um destino paradisíaco do estado de São Paulo. Um advogado rico – novo Fitzcarraldo – escolhera esse lugar para construir residências artísticas em plena mata e um teatro de 1.300 lugares escavado na rocha acima do mar. Nelson toca a *Sonata "Alla turca"*, a *Sonata "Clair de lune"*, a *Barcarola* e cede o palco a Juliana. "Por que não tocou a *Melodia de Orfeu*?", ela lhe pergunta. A melodia lhe fora legada por Guiomar Novaes. Nelson aperta os olhos num sorriso: "Deixei para você". A herdeira é designada.

Ele se sente feliz entre os seus, mas, como tudo no mundo está "cheio de amargura e encanto", tem cada vez mais preocupações. Ele ama seu país e não o suporta. O fisco brasileiro acaba de abocanhá-lo. Nelson fica furioso por ter que compensar a gestão calamitosa do governo. Já não se sente tão feliz quanto antigamente em sua casa no Rio e confessa a vários amigos sua vontade de deixar o Brasil. Vitupera contra a classe política brasileira que destrói metodicamente tudo o que honra o país. Por que não procurar uma grande casa à beira-mar, em Portugal? Ele conversa com Annie Dutoit, pois sabe que ela também está num ponto de virada: "Quer vir morar comigo?". Ele não tem certeza se manterá a pequena casa parisiense. Sente que precisa respirar. *Mudar de ares*, como diz Louis Jouvet a Arletty.

A queda

Em 29 de outubro de 2019, Nelson Freire dá sua pequena caminhada matinal pelo calçadão de pedras portuguesas com o famoso padrão preto e branco da Barra da Tijuca, a chamada "Miami brasileira". Ao longe, surfistas deslizam nas ondas de um mar azul-turquesa sob um sol já quente. Ele tinha comprado seu jornal num dos numerosos quiosques ao longo da praia e pãezinhos de queijo aos quais sua gula não resiste. De repente, enquanto o relógio toca nove horas, ele tropeça numa das pedras soltas do calçamento – que já provocaram muitos acidentes e despertaram várias queixas, sem que a prefeitura mexa um dedo para arrumá-las. Acostumado desde a mais tenra infância a proteger suas preciosas mãos, ele cai com todo o peso sobre o lado direito. Arranha o rosto, os joelhos e machuca muito o ombro e o cotovelo. No hospital, uma radiografia revela fraturas múltiplas no úmero e na cabeça do úmero. No dia seguinte, ele passa por uma cirurgia de quatro horas no hospital Samaritano, operado pelo cirurgião Geraldo Motta, que lhe coloca uma prótese.

No início, a angústia o faz perder o sono. A conselho de amigos, ele consulta um psicólogo e se empenha no processo de recuperação. Faz sessões de fisioterapia, toma remédios para acalmar a ansiedade e se comunica com os amigos por SMS. Dizem-lhe que, dentro de alguns meses, ele vai estar curado. No entanto, apesar da fisioterapia e dos acompanhamentos, ele não recupera a flexibilidade do braço direito e não consegue, por exemplo, colocar a carteira no bolso de trás da calça. Mas volta a tocar. O *Concerto n. 4* de Beethoven, o *Concerto*

"Jeunehomme" de Mozart. As sensações do braço são diferentes. Ele tem dificuldade de se concentrar na música. Esse terapeuta da alma, que vive com um clínico geral e se gaba de ter mais amigos médicos do que músicos, não volta ao normal.

A angústia retorna, ainda mais forte do que antes. Tocar começa a se tornar insuportável. Para o cirurgião, a operação foi um sucesso. O corpo reage bem à prótese. Talvez o corpo do sr. X ou da sr. Y, mas não o de um filho do céu. Nervos foram atingidos e algumas sensações são perdidas para sempre. Um artista, porém, precisa de todas elas. Nelson precisa aceitar descer à terra, embora tenha jurado sempre se elevar rumo ao firmamento. "A música perfura o céu", disse Baudelaire. Sem o azul celeste e o brilho das estrelas, sua música começa a morrer. Nelson é como uma criança. Ele precisa voltar para os ares imediatamente. Ícaro se aproximou demais do sol? Sua alma sofre terrivelmente e afunda na escuridão.

Ricardo Castro o substitui e toca o *Imperador* no Rio. Juliana Steinbach faz o mesmo em Goiás, perto de Brasília. Nelson fica deitado no sofá da sala. Ele sente muita dor. E chora. Enquanto isso, é aconselhado a tocar o *Concerto para a mão esquerda* de Ravel. Ele espera poder voltar aos palcos no Festival de Verbier, em 2020. O *Trio n. 1* de Brahms, com Kristóf Baráti e Mischa Maisky, está previsto no programa. Ele reza para uma imagem da Virgem, que não sai de cima de seu piano. Recebe mensagens do mundo todo. Músicos, organizadores de festivais, melômanos, jornalistas e amigos estão abalados.

O maestro Valery Gergiev lhe envia uma mensagem de vídeo pelas redes sociais: "Get better very soon. Much love". Eles tinham se encontrado em torno de um tempestuoso

Concerto n. 4 de Beethoven em La Roque d'Anthéron. Juntos, apresentaram um de seus últimos concertos, o *Concerto n. 2* de Brahms em São Petersburgo. Nenhuma tempestade a temer com o número dois de Brahms. Costumam acontecer coisas estranhas no *Concerto n. 4* de Beethoven. Ele seria portador de infortúnio, como *A força do destino*, de Verdi? É provável que Martha tenha razão de ser cautelosa.

Quinze dias depois da mensagem do russo ao amigo brasileiro, uma doença surge em Wuhan, China, e aos poucos se espalha pelo mundo. Em março de 2020, o covid-19 é declarado pandemia pela OMS. Vários países cancelam os eventos esportivos e culturais, fecham suas fronteiras, confinam a população. Para Nelson Freire, a angústia coletiva se soma ao desespero pessoal. A situação no Brasil é terrível. Não há uma semana que passe sem a morte de um próximo. Na televisão, as imagens de caixões parecem o fim do mundo.

Os problemas oculares de Nelson parecem se acentuar. Ele só tem 30% de visão no olho esquerdo e essa diferença atrapalha sua leitura. Somam-se a isso sensações estranhas no ouvido, como se ele estivesse o tempo todo entupido. Pouco a pouco, ele para de se queixar, sem que os outros saibam se ele se acostumou aos incômodos ou se eles se atenuaram. Em contrapartida, a dor no braço é constante e não lhe dá descanso.

Sua amiga Magdalena o convida a participar de um concurso para crianças como presidente do júri. Ele aceita, mas não suporta o uso da máscara, que o faz vomitar. É como se ele revivesse a infância, coberto de curativos. Ao sair de casa, é tomado por náuseas. Impossível entrar no táxi. As duas passagens de avião (de Nelson e de Bosco) são perdidas. Mais tarde, o

Concurso Geza-Anda o convida para a presidência do júri. Mas as viagens se tornam impossíveis por causa da máscara que o sufoca.

Lutos

Primeiro Nélio, seu irmão querido, em 2018. Nélio, que fizera fortuna antes de perder tudo no jogo. Nélio, o magnífico, o elegante, o generoso. Depois, em 10 de janeiro de 2019, a pianista Cesarina Riso, amiga de todas as horas. Ela morre depois de uma longa doença em idade incerta. Segundo ela mesma, 78 anos, embora alguns afirmem que que Cesarina estivesse com 82 anos. Terceiro lugar no Concurso de Genebra em 1957 (ano em que Martha Argerich vencera o primeiro lugar), ela tivera uma bela carreira. Era a primeira pianista com quem Nelson Freire tocara a dois pianos, em 1963.

No meio da *Suíte n. 2* de Rachmaninoff, uma corda se rompera no piano de Nelson. Cesarina fizera um sinal a Nelson para que ele a retirasse, pois a corda estava saindo para fora do piano, mas ele se mantivera imóvel. Ela se encarregara disso, com um gesto cheio de autoridade, sob as aclamações do público. Por distração ou impaciência, mas sobretudo de brincadeira, Nelson retomara a música antes de Cesarina estar totalmente instalada. Ela lhe lançara um olhar sombrio, mas percebera o alto de sua cabeça, acima da partitura, sacudido por uma gargalhada.

Cesarina vivia na Villa Riso, luxuosa propriedade do bairro nobre de São Conrado, na zona sul do Rio de Janeiro. Nessa casa, Cesarina organizara um encontro tão improvável quanto histórico entre Arturo Benedetti-Michelangeli e Tom Jobim. O *commendatore* do piano clássico, de short e chinelo, ao lado do pai da bossa nova. O mais extraordinário foi que eles se deram muito bem e ficaram horas tocando um para o outro. Cesarina tinha três filhos, um deles o diretor de ópera Pier Francesco Maestrini.

Nelson vai ao velório. À noite, seu luto é como o dos excêntricos. Rindo com os amigos à beira da piscina, contando piadas picantes e bebendo cerveja até não conseguir se levantar. Maneira perfeita de homenagear aquela com quem Nelson compartilhara tantas alegrias. Se é verdade que nenhum povo sabe se divertir como os brasileiros, as noites que Nelson e Cesarina compartilharam com os amigos foram exemplares. Para resumi-las numa expressão cinematográfica: *Pão, amor, fantasia* (e caipirinha).

A terceira da lista é Nelma. A irmã adorada. A mais velha da família. Graças a quem ele começara a tocar piano. Em 18 de janeiro de 2020, ela festeja seu aniversário de oitenta anos na casa de Nelson. Nelma se queixa de sofrer de solidão desde a morte do marido. De se sentir cada vez mais dependente, o que a atormenta. A seguir, ela cai. Uma queda sem gravidade. Algumas semanas depois, uma pneumopatia a obriga a se internar no hospital. Ela morre uma semana depois. Abalado, Nelson não consegue ir ao enterro, que acontece em Niterói. Ele queria levá-la para a Europa, para que ela visitasse Viena e conhecesse os lugares importantes para ele.

Número 4. Na noite de 1º para 2 de julho de 2020, sua grande amiga Rosana Maria Martins tem um ataque cardíaco em Copacabana e solta o último suspiro aos setenta anos. "Ela não sofreu", diz seu filho Albert em sua página no Facebook. É enterrada em 3 de julho no cemitério São João Batista, no sul da cidade, onde descansam Heitor Villa-Lobos, Tom Jobim e Vinicius de Moraes. Fiel amiga de Nelson, ela o via todos os dias e passara os últimos meses alimentando sua página no Facebook com fotografias do pianista em seus concertos pelo mundo. De modo que, graças a ela, podemos reconstituir o fim da carreira de Nelson de cidade em cidade. A página de Rosana também tem gravações raras (Edwin Fischer tocando Haendel), fotografias de encontros históricos (Picasso e Bardot, Michelangeli e Richter, Chaplin e Pavlova). Seus alvos de crítica preferidos: Bolsonaro e Trump. Sua última mensagem é acompanhada da reprodução do disco *Encores* de Nelson Freire.

Outra amiga também perde a vida. Najla Kumaira. Em casa, na Espanha. É a mulher do pianista e compositor holandês Frédéric Meinders, que tocara com Janos Starker e Colin Davis. Nos anos 1990, Nelson comprara um pequeno apartamento térreo em Haia, abaixo do apartamento deles. "O tempo do amor e da aventura", diz a canção. Agora o momento é de tristeza, seu epílogo.

Depressão

Nelson aos poucos mergulha num estado depressivo severo. Ele não sai da cama e se levanta apenas para comer. Os filmes em preto e branco já não o interessam. Ele não assiste nem à televisão. Não ouve mais música. Às duas pessoas que moram com ele, Miguel e Bosco, ele repete todos os dias que quer morrer. O confinamento torna a solidão ainda mais pesada. Miguel trabalha numa clínica perto de casa e enfrenta uma hecatombe. É difícil para ele entender a angústia sem fim de seu companheiro. Miguel diz estar "no piloto automático". Ele é o pilar da casa, não pode demonstrar fraqueza, mas também se sente espreitado pelo desânimo e pela melancolia. Miguel não pode fraquejar. Se ele cair, tudo estará perdido. Maconha e álcool são os dois suportes que lhe permitem aguentar o pesadelo externo e interno.

Bosco é talhado em madeira mais macia. Ele perde o chão e tem um ataque de loucura. Em geral tão doce e gentil, Bosco sucumbe à violência. No início do mês de junho de 2020, tem uma espécie de delírio místico. Começa a rezar a Deus para salvar Nelson e se vê como o Corcovado protegendo a cidade do alto de seu rochedo. Nelson, porém, não o vê da mesma forma e se recusa a ouvi-lo. Então Bosco tenta estrangulá-lo. Talvez cortar sua cabeça, como o chinês louco de *Tintim e o lótus azul*.

Miguel liga para um psiquiatra que recomenda uma internação de urgência. Quatro enfermeiros imobilizam Bosco e o levam à força. Nelson fica traumatizado com seus gritos. Depois de alguns dias, Bosco volta para a casa com uma extensa lista de remédios. Às vezes, terríveis acessos de raiva e até mesmo de ódio fratricida maculam a vida sem preocupações materiais desse estranho trio, que funciona muito bem desde que não conviva por tempo demais sob o mesmo teto.

Nelson não sai da cama. Não é um doente dócil. Como bom brasileiro, tem uma relação curiosa com a medicina. Um remédio de nome pouco sonoro ou uma embalagem pouco atraente é considerado ineficaz ou nocivo. Vários médicos o visitam. Antidepressivos são prescritos. Ele se recusa a tomá-los. Ou começa e interrompe bruscamente o tratamento, o que é pior do que não tomar nada. Ele só aceita tomar Lexotan para atenuar sua angústia – e para sonhar que toca para um público imaginário. Ele mergulha num semitorpor e vê um piano no palco. Ouve aplausos. Repassa os cinquenta concertos de seu repertório. Dá um recital embaixo das cobertas. Visualiza cada nota, cada acorde, escolhe os dedilhados.

Para que continuar vivendo? Faz meses que ele não tem forças para se apaixonar. Vários amigos telefonam; ele atende cada vez menos às ligações e se contenta em enviar SMS. E se ele fosse se tratar na França? Mas a pandemia segue assolando o planeta. Ele acha que será barrado no aeroporto Charles-de-Gaulle. Provam-lhe o contrário, mas ele não acredita. Um périplo via Lisboa é cogitado e logo abandonado.

Ofende-se a Deus quando se para de sofrer?, pergunta Werther.

As visitas são raras. Rosana o via todos os dias, muitas vezes para almoçar, e ficava uma boa parte da tarde. Mas Rosana não está mais aqui. Cesarina também não. O círculo de amigos se reduz inexoravelmente. Onde eles estão? Alguns se cansam de não receber notícias. Nelson não tem vontade de ir nem à sua sauna preferida em Ipanema, onde gostava de conhecer pessoas, com o rosto de suas conquistas cuidadosamente gravados no celular. Sua porta aos poucos se fecha. O silêncio e a tristeza invadem a casa da felicidade.

Myrian Dauelsberg consegue forçar a porta. É enérgica, disponível. Ela lhe leva comida e se informa sobre seu estado. O que dizem os médicos? Os médicos dizem que ele se recupera bem, mas não sabem nada de seu sofrimento. De suas dores terríveis. Os médicos veem as radiografias, leem os exames e não entendem. Às vezes Nelson se senta ao piano e para depois de cinco minutos. E volta para a cama. Sem o piano, sua vida não tem mais sentido. Dar aulas? Ele não gosta. Ele pergunta a um amigo: "Você acha que um conservatório se interessaria por mim?". Não tem certeza de ter talento para o ensino. No fundo, ele quer tocar. Como antes. Sempre melhor do que antes.

Faz seis meses, justamente, que Myrian tenta convencê-lo a abrir a temporada em Petrópolis, em abril de 2021. Nelson adora a "Cidade Imperial" a setenta quilômetros do Rio. As montanhas, as cachoeiras e a vegetação lembram Minas Gerais (quando Nelson gosta de um lugar, ele lhe lembra de sua terra natal, mesmo quando a paisagem é totalmente diferente). Ele não diz que não. A esperança renasce. "Se ainda estiver com dor, toque o *Concerto para a mão esquerda*, o *Prelúdio* de Scriabin ou a *Chacona* de Brahms", sugere Myrian.

Mas a maré de azar continua. Nelson vai se refrescar na piscina, escorrega no chão molhado e cai de novo. Ele quebra a mão esquerda. Retorno ao hospital. Mutilado dos dois lados. Para os médicos, não é nada dramático. Ele se recuperará, aos poucos. Mas Nelson entra num desespero profundo. "Você não pode imaginar o tamanho de minha dor", ele repete a cada um de seus amigos. É a cabeça, dizem os médicos. A cabeça impede o corpo de se recuperar. A pior parte são os exercícios de fisioterapia que o fazem gritar de dor. Ele os apreciava, no início, quando esperava uma melhora rápida. É como se tivesse perdido as esperanças.

Seu irmão Nirval (92 anos) o visita. Apesar de todo o seu afeto, Nelson não quer recebê-lo. Não suporta que o vejam naquele estado. Os pensamentos sombrios voltam com força. À empregada que o acompanha para dar alguns passos na rua, ele aponta para o precipício de onde eles ouvem subir o rumor do trânsito ao longe: "Um dia, vocês vão me encontrar ali". Avisados desse funesto agouro, Miguel e Bosco fecham a porta do terraço a chave.

Durante esse período, Martha permanece em contato com o amigo. Ela está preocupada e tenta animá-lo de todas as formas. "É uma pena que você não esteja aqui", Nelson lhe escreve por SMS. Ele acaba de comunicar ao Concurso Chopin de Varsóvia que não participará do júri da edição de 2020. Martha Argerich também cancela sua participação e sugere ao amigo ir a seu encontro para festejarem juntos seu aniversário de 77 anos. Ele se anima. No dia seguinte, porém, já não quer que ela venha. A depressão, a repulsa de si mesmo e as ondas negativas ganham terreno e continuam seu trabalho subterrâneo.

Martha hesita. Ela sonda os amigos. Será uma boa ideia ir de qualquer jeito? Fazer aquela longa viagem (ela que detesta viajar) se ele não quer vê-la? Daniel Barenboim insiste para que vá: "Se acontecer alguma coisa, você se culpará pelo resto da vida". Ela vai. Nelson manda dizer que está contente, mas fica com medo que ela se entedie. O clima a seu redor é sinistro. Ele pede ao amigo Alberto que venha de São Paulo para se encontrar com eles. Corta o cabelo em casa para poder receber com dignidade a amiga fiel.

Myrian vai buscar Martha no aeroporto. "Eu sei que posso ajudá-lo", diz a pianista. "A vida complica as coisas mais simples. Ele vai voltar a tocar, tenho certeza." Martha já visitara a propriedade de Nelson, mas não se lembrava de ter passado a noite por lá. Ela se instala no bangalô de Bosco, mais confortável, e este leva suas coisas para o quarto de hóspedes.

Assim que ela entra no quarto do amigo, Nelson declara de supetão: "Estou sofrendo fisicamente, psicologicamente, emocionalmente e espiritualmente". Ele diz tudo, não finge estar bem. É incapaz de fazer isso. Mas está um pouco melhor.

"Quero ficar bem", ele diz de repente a Martha. "Amo muito vocês", ele diz aos amigos reunidos. Mas a depressão escurece seus pensamentos.

Ela cai numa letargia profunda. "Você ainda me ama, mesmo nessas condições?", ele pergunta a Martha. Como se ele não valesse nada sem seu instrumento. Há quanto tempo está exclusivamente centrado no piano?, Martha se pergunta. Quando eles eram jovens, era diferente. Os concertos faziam parte da vida, mas não eram seu centro. Talvez ela esqueça que tudo mudara depois da morte de seus pais. "Por culpa sua", uma voz interna murmura a Nelson. Ele fizera um pacto com o destino. Com Deus, com o Diabo, ele não sabe mais. Para honrar a memória dos pais, ele precisa voar cada vez mais alto. Caso contrário cairá e se unirá a eles no fundo do precipício.

Antes, eles tinham a vida pela frente. Martha também é prisioneira de um pacto não escrito. Quanto mais sente que tem o tempo contado, mais ela volta ao piano. Ela se queixa o tempo todo, mas seus cancelamentos tornam-se muito mais raros. No entanto, se os concertos acabassem, ela se livraria de um peso. Ela adora o parêntese do confinamento. Está enfim dispensada de viajar. Pode ficar em casa, pendurada ao telefone e tocando apenas por prazer. Se Nelson e ela pareciam tão semelhantes em tantos aspectos, era em parte uma ilusão.

No livro *Martha Argerich: l'enfant et les sortilèges* [Martha Argerich: a criança e os feitiços] eu os havia comparado, saindo do palco, a Charlie Chaplin e a um urso numa geleira. Em *Luzes da cidade*, Carlitos tenta convencer um burguês a não pôr um fim a seus dias. "Amanhã o sol brilhará", ele diz com lirismo.

O outro não o ouve e quer se atirar no rio. É Carlitos quem cai, o homem o tira da água e eles se tornam amigos para sempre. Em sua mansão, o burguês de novo se desespera. Sua cabeça pende sobre o piano da sala e ele exclama de repente: "Quero viver!". No dia seguinte, porém, tudo recomeça...

Martha prefere a última cena de *Luzes da ribalta*, quando Charlie Chaplin dá o último concerto de sua carreira com Buster Keaton. Quando as partituras caem da estante, quando as cordas do piano arrebentam, quando Chaplin pisa no violino, quando ele cai e morre, enquanto a sala explode numa gargalhada e o aplaude em triunfo.

Quando Martha sobe até o estúdio para tocar, Nelson se levanta e vai ouvi-la. Ele também toca alguma coisa para ela. O último *Prelúdio* de Chopin, uma grande provação para a mão esquerda. Nelson para no meio. "Viu só...", ele diz, num tom desesperado. "Não toque isso", Martha responde com doçura, "não agora, é cedo demais". Com uma careta infantil, Nelson pergunta: "Você acha que alguma escola de música se interessaria por mim?". Martha o tranquiliza: "Mas é claro!". Eles conversam um pouco e ele volta para a cama. Ela se sente impotente e começa a chorar.

A diferença entre eles é tão marcante. Ela tem oitenta anos e está cheia de vida, tem o rosto tão jovial que não é marcado nem por seus cabelos grisalhos, e está cheia de energia, humor e força vital. Ele, como um ancião, caminha com passinhos curtos, dobrado sobre si mesmo, sozinho. O dia de seu aniversário não é muito alegre. Triste 18 de outubro. Felizmente, Bosco, Miguel, Martha e Alberto estão a seu lado. A refeição é deliciosa. Camarões ao molho de tomate. Carne de panela com batatas. Uma garrafa de suco de maracujá fresco. Um lindo bolo enviado por uma amiga. Nada a ver com o banquete dos 75 anos, mas muito bom. Por uma espécie de milagre, o *Dictionnaire amoureux de Chopin* [Dicionário amoroso de Chopin] que dediquei a ele chega bem no dia de seu aniversário e lhe arranca um pequeno sorriso.

Ao fim de uma semana, Martha precisa voltar para a Europa. Vários concertos a esperam. Em outra época, ela talvez tivesse cancelado tudo e ficado com Nelson. Mas Martha tornou-se mais responsável com a idade. Rostro chamava isso de "o grande salto antes do fim". Numa voz fraca, Nelson diz à amiga: "Talvez seja a última vez que nos vemos". Não cedamos à reinterpretação das palavras retrospectivamente, mesmo que hoje elas soem diferentes. O que Martha responde? "Claro que vamos nos ver de novo. Vou voltar logo, ou você irá à Europa."

Martha não tem certeza de nada, mas quer acreditar. No fundo, fica perturbada. Dilacerada. Algo lhe diz que sua visita não mudou nada. Ela ajudou Nelson, mas ele continua no mesmo estado. A semana passou tão rápido. Todos os cenários foram cogitados e nada foi decidido. Ela envia um SMS à filha Annie: "Nelson chorou. Ele disse que me ama e que vai sentir saudades. Eu gostaria de voltar para vê-lo, minha querida. A vida é um mistério, mas ela também é muito clara...".

Myrian a pressiona: "Precisamos ir ao aeroporto". Na hora de entrar no carro, Martha tem um impulso: "Já volto". Ela retorna à casa, se senta num dos pianos da sala e toca a melodia do *Rondó em ré maior*, intitulado "Nossa amizade é invariável". Essa é sua mensagem, a única que importa, ao amigo de mais de sessenta anos. "Na música de Schubert, sempre ouvimos a morte", Nelson costuma dizer. A morte como amiga e libertação. Com exceção dos "Impromptus", ele se mantivera afastado desse mundo. Uma espécie de superstição o afastava inclusive da *Sonata D 960*, esse adeus ao mundo. Mas será que hoje Schubert lhe estenderá a mão?

Martha tira sua pulseira de lã, oferecida por um monge budista no Japão, e a coloca na mão do amigo. Tocante e irrisória proteção. Eles se encaram com intensidade. O momento de despedida é doloroso. Martha desce ao Inferno para visitar o amigo. Quem é Orfeu, quem é Eurídice naquele momento?

Em Genebra, a pianista recebe notícias estranhas do Brasil, onde a comédia rivaliza com a tragédia. Nelson, que aguarda um depósito da Alemanha, jura que seu dinheiro não chega conforme o previsto. Ele tem uma conta num banco de Frankfurt, onde o dinheiro está depositado. Queixa-se a Martha por SMS. Ela questiona Bosco, que a tranquiliza. A transferência foi feita. Ele mostra o comprovante a Nelson, que não diz nada. Com todos os concertos anulados, os gastos com a casa se acumulam e o dinheiro não basta! Mais motivos de preocupação. Em seu delírio, ele chega a desconfiar que os amigos fiéis o estão roubando. No dia seguinte, não acredita no roubo. Depois a dúvida volta com tudo. O Ariel do piano se torna Harpagon – "Meu dinheiro! Me devolvam meu dinheiro!". Ou o Orlando de Ariosto, que perde a razão: "Que tudo experimente neste lugar/ O horror que reina em minha alma".

No dia 31 de outubro, Nelson pede que Myrian venha a seu encontro. Ela chega àquela fortaleza para milionários onde é preciso passar por várias guaritas e se identificar. Ele está esperando na porta. Muito agitado. "Venha!" Na sala, Miguel e Bosco veem televisão. "Vou para o quarto com Myrian", ele diz. Resposta evasiva. Espirais de fumaça perfumada. Quando fecha a porta do quarto, Nelson compartilha seus temores com a amiga. Onde está seu dinheiro? Querem roubar seu dinheiro. De repente, o quarto mergulha na penumbra. "Viu só? Eles não pagaram nem a conta de luz", ele diz, arregalando os olhos. Alguns roteiristas matariam por uma cena dessas, à la Billy Wilder.

Myrian o tranquiliza. Ele a interrompe: "Eles querem me internar". Quando Bosco teve uma espécie de ataque de loucura, alguns meses antes, Miguel chamou uma ambulância do hospital psiquiátrico. Nelson se lembra dos gritos de terror. Agora é sua vez. "Não quero morrer num asilo de loucos", ele repete. "Ninguém vai internar você", diz Myrian com firmeza. Ele tinha acabado de interromper seu último tratamento, que, no entanto, parecia estar funcionando. Em vez disso, Bosco lhe deu as pílulas que ele mesmo não tinha tomado em seu delírio. Nome agradável e cor bonita: bota pra dentro!

Myrian o leva até o piano. Ele não quer tocar alguma coisa? Seus dedos começam a *Barcarola* de Chopin. Por que justamente essa obra solar que esconde tantas dores? Essa Itália sonhada enquanto o compositor estava no frio, doente, em Paris, e sofria as crueldades de George Sand e seu filho. "O romance de uma vida inteira", diz Georges Cziffra a Jacques Chancel antes de tocá-la. Nelson lê três páginas e para. A mão esquerda vai bem, mas a direita fica cansada com todos aqueles trinados.

Myrian tem uma ideia. "Você não quer vir para Petrópolis? Miguel e Bosco podem vir também. Há lugar para todos." O sorriso volta aos lábios de Nelson. Sim! Petrópolis! Qualquer lugar menos o manicômio. A fera medrosa que não sai de sua toca há meses se entusiasma com a ideia da viagem. Sim, vamos, vamos imediatamente. Juntos, eles procuram Miguel para avisá-lo. Cansado com o trabalho e irritado com aquela nova encenação, Miguel permanece deitado na frente da televisão e faz ouvir a voz da razão: "Amanhã você tem hora no dentista e uma sessão de fisioterapia". O entusiasmo se dissolve diante da implacável lógica da agenda médica. Nelson ainda luta um pouco: "Quero ir para Petrópolis", mas parece uma criança mimada. Ele olha para Myrian, como se implorasse. Ela não pode fazer nada. Acabou. Ele não irá para Petrópolis. Parece um acusado ouvindo seu veredicto. Abatido, sem forças, ele se deixa conduzir até a cama. Myrian acaricia sua cabeça e beija sua testa. "Durma. Amanhã estarei aqui. Não se preocupe. O dinheiro entrou. Ninguém vai levá-lo para o hospital."

Na noite de 31 de outubro para 1º de novembro, Nelson envia um último SMS a Martha. Ele está com muito medo. Pouco antes da meia-noite, sob uma chuva forte, sai de casa de pés descalços. Deixa a porta aberta. A porta que já não fica fechada à chave. Ele caminha pelo terraço, sobe num banco, Deus sabe como, e mergulha na escuridão para se elevar aos céus sob o olhar da misteriosa Pedra da Gávea. Ele cai como o ônibus que matou seus pais. Volta ao Viaduto das Almas. Em português, *tombar* também quer dizer "proteger". Ele agora pode proteger seu pai e sua mãe. Reencontrá-los. Tocar para eles.

O único som que se ouve é o da chuva forte fustigando a paisagem. Os cães começam a latir. Alertado pelos latidos, Miguel vê a porta aberta. A cama de Nelson está vazia. Rapidamente, ele enfrenta a chuva torrencial, procura Nelson pelo jardim, treme, se dobra e então grita. Acordado, Bosco desce do bangalô. Os bombeiros chegam e confirmam o fato. O resto é mecânico. Relatório da polícia, certidão de óbito.

Como ele morreu? Só Deus sabe. Para nós, pobres mortais, somente os fatos têm valor de verdade. Todos os dias, ele queria morrer. Uma noite, ele se salvou, depois caiu. O resto é interpretação, suposição, extrapolação. Daniel Barenboim disse uma vez: "Existem três âmbitos em que o excesso de transparência é nocivo. No amor, na política e na acústica das salas". E na morte, acrescentemos. A de Nelson lhe pertence.

A família é avisada ao alvorecer. Depois os amigos. Martha recebe uma mensagem de Bosco. Ela está na Sicília, onde havia tocado. Ao espanto, sucede a culpa. Depois, o desejo de saber tudo. É Dia de Todos os Santos. Tudo estava escrito e ninguém conseguia ver. Teria sido preciso que uma Nise Obino colocasse suas mãos de "louca" em sua testa febril. Que Rosana voltasse a lhe levar frutas. Que Martha se sentasse ao piano. Que suas Eurídices cuidassem dele.

Martha se tortura. Eles poderiam ter evitado aquilo? Ela é incapaz de encarar a morte. Por causa de seu lema – "Viver e deixar viver" –, ela nunca quis abortar e não consegue admitir a ideia de uma grande partida. Martha ama a vida incondicionalmente. De maneira animal. Nelson a apreende de maneira diferente. Prefere sonhá-la. Quando a realidade se afasta demais de seu sonho, ele deixa de amar a vida. Os dois companheiros de Nelson foram os guardiões de sua noite. Cada um fez o que pôde. Ninguém pode nada contra a vontade divina.

Os últimos anos de Nelson foram sublimes para a música, mas desafiadores para seus nervos. Ele teve a sorte de realizar seu destino. Teve uma vida magnífica com grandes alegrias e terríveis dores. A tragédia faz parte da ascensão. É um monstro de olhos claros à espreita de sua hora, escondido na escuridão. "Nem tudo são flores", dizia Nise. Precisamos aceitar os espinhos e colocar a coroa. Agora, a via-crúcis é para os amigos.

No Brasil, o velório é rápido por causa do calor. O enterro é previsto no Rio, mas a prima Olma se manifesta. Ela se lembra de uma coisa. Recolhido sobre o túmulo dos pais, durante o aniversário de suas mortes, Nelson lhe dissera claramente: "Eu gostaria de ser enterrado aqui". Chorando, Miguel telefona para Delvo. O que fazer? A família decide levá-lo para Boa Esperança e as autoridades autorizam o deslocamento. Myrian Dauelsberg, por sua vez, move céus e terra para que o caixão seja velado no Theatro Municipal. Ela se lembra das exéquias grandiosas de Magda Tagliaferro, morta em seus braços. Em outros tempos. Agora há o covid-19, as férias... Mas algo precisa ser feito na cidade onde ele viveu.

O caixão é colocado no hall de entrada do teatro. Montanhas de flores brancas cobrem as escadas. O corpo é exposto à vista de todos. O embalsamador faz milagres em tempo recorde. As cicatrizes desaparecem. A angústia também. O rosto está liso, bem hidratado; a tez, rosada; a expressão, serena. Os amigos acariciam sua pele, beijam suas bochechas e choram. Os amantes de música também comparecem em grande número.

Sobre o caixão, um buquê de rosas vermelhas na forma de coração. No centro, a partitura do *Rondo a quatro mãos* "Nossa amizade é invariável", de Schubert. Na fita malva, o nome de Martha. Annie Dutoit viaja de Buenos Aires ao Rio. Ela telefona para a mãe: "Mamuli, estou com Nelson. Você quer dizer alguma coisa para ele?". Martha responde: "Diga-lhe que ele é o amor da minha vida e que logo nos encontraremos para tocar juntos a quatro mãos".

Nelson Freire descansa no cemitério de Boa Esperança.
No mundo todo, o reconhecimento dos músicos é unânime. Valery Gergiev compartilha sua tristeza depois da imensa perda do amigo próximo: "Tive o privilégio de acompanhá-lo na Rússia, mas também na Europa, no Canadá, no Japão, nos Estados Unidos...". O maestro russo coloca todas as suas gravações com o pianista brasileiro em acesso livre e organiza uma homenagem no teatro Mariinski.

No site do presidente da República, Emmanuel Macron posta uma longa mensagem que descreve a trajetória de Nelson e conclui da seguinte maneira: "O Presidente da República e sua esposa saúdam o excepcional intérprete de Debussy que tantas vezes honrou nosso país com sua presença...".

O primo Delvo planeja construir um centro cultural na casa onde o artista nasceu. O prefeito da cidade tenta fazer valer seu direito de preferência.

Miguel e Bosco continuam morando na casa do Rio de Janeiro. Também pensam em transformá-la num pequeno museu.

Antes de se juntar a Nelson no mundo onde a dor está ausente, Martha se empenha em fazer viver a música, a música, a música.

O TESTAMENTO DE ORFEU

Esta é a lista de obras que Nelson Freire tocou em público e/ou gravou. Na intimidade de seu estúdio, ele leu muito mais partituras e tocou muito mais músicas. Esse repertório quase exaustivo – ainda que novos tesouros sejam descobertos a cada dia – é publicado aqui com a gentil autorização de Alexandre Dias, diretor do Instituto Piano Brasileiro (IPB), que realizou essa pesquisa a partir de gravações comerciais e não comerciais do mestre, programas de concertos (verificados em várias fontes), depoimentos em entrevistas e vídeos particulares. Nos casos em que as dúvidas ainda persistem, elas são assinaladas por um asterisco (*).

Várias gravações podem ser encontradas no site e no canal do YouTube do IPB. Obrigado a João Bosco de Oliveira Padilha, assistente de Nelson Freire, por ter garimpado um bom número delas, e aos artistas e instituições por compartilhá-las gratuitamente com os amantes da música.

Piano solo

Albéniz (Isaac): Evocación – Triana
Albéniz-Godowsky: Tango
Albéniz-Séverac: Navarra

Bach (Johann Sebastian): Fantasia cromática e fuga – Partita n. 4 em ré maior – Prelúdio e fuga n. 21 em si bemol maior (Livro 1) – Suíte inglesa n. 3 em sol menor – Tocata em dó menor. Bach-Busoni: Chacona – Coral "Ich ruf zu dir, Herr Jesu Christ" – Coral "Komm Gott Schöpfer, heiliger Geist" – Coral "Nun komm der heiden Heiland"
Bach-Hess: "Jesu bleibet meine Freude"
Bach-Marcello: Adágio do Concerto para oboé
Bach-Siloti: Prelúdio para órgão em sol menor – Siciliano (*)
Balakirev (Mili): Islamey
Barroso Neto (Joaquim): Minha Terra
Beethoven (Ludwig van): Andante Favori – Bagatela em si bemol maior op. 119 n. 11 – Sonata n. 3 em dó maior(*) – Sonata n. 5 em dó menor – Sonata n. 14 em dó sustenido menor "Clair de lune" – Sonata n. 17 em ré menor "A tempestade" – Sonata n. 21 em dó maior "Waldstein" – Sonata n. 23 em fá menor "Appassionata" (*) – Sonata n. 26 em mi bemol maior "Les Adieux" – Sonata n. 31 em lá bemol maior – Sonata n. 32 em dó menor
Brahms (Johannes): Baladas op. 10 – Balada op. 118 n. 3 – Capriccio op. 76 n. 2 – Capriccio op. 116 n. 1 – Intermezzo op. 76 n. 3 em lá bemol maior – Intermezzo op. 76 n. 4 em si bemol maior – Intermezzo op. 117 n. 2 em si bemol menor – Intermezzo op. 118 n. 2 em lá maior – Intermezzo em si menor op. 119 n. 1 – Intermezzo em mi menor op. 119 n. 2 – Intermezzo em dó maior op. 119 n. 3 – Rapsódia em mi bemol maior op. 119 n. 4 – Duas Rapsódias em si menor op. 79 n. 1 e em sol menor op. 79 n. 2 – Scherzo op. 4 – Sonata n. 2 em fá sustenido menor – Sonata n. 3 em fá menor – Valsa em lá bemol maior n. 15 (e algumas outras do opus 39)

Chopin (Frédéric): Andante Spianato e Grande Polonaise – Balada n. 3 em lá bemol maior – Balada n. 4 em fá menor – Barcarola – Berceuse – Três Écossaises – Doze Estudos op. 10 – Doze Estudos op. 25 – Três Estudos Póstumos – Fantasia em fá menor – Fantasia-Improviso em dó sustenido menor – Impromptu n. 2 em fá maior – Impromptu n. 3 em sol maior – Introdução e Rondó em mi bemol maior – Mazurca em lá menor "A seu amigo Émile Gaillard" – Mazurcas op. 7 n. 1 & 3 – Mazurca op. 17 n. 4 – Mazurcas op. 24 n. 1, 2 & 4 – Mazurcas op. 33 n. 2, 3 & 4 – Mazurcas op. 41 n. 1 & 4 – Mazurcas op. 50 n. 1, 2 & 3 – Mazurca op. 56 n. 2 – Mazurcas op. 59 n. 1, 2 & 3 – Mazurca op. 63 n. 3 – Noturnos op. 9 n. 1, 2 & 3 – Noturnos op. 15 n. 1, 2 & 3 – Noturnos op. 27 n. 1 & 2 – Noturnos op. 37 n. 1 & 2 – Noturnos op. 48 n. 1 & 2 – Noturnos op. 55 n. 1 & 2 – Noturnos op. 62 n. 1 & 2 – Noturno op. 72 n. 1 – Noturno op. posth. – Polonaises op. 26 n. 1 & 2 – Polonaise op. 53 "Heroica" – Polonaise-Fantaisie – 24 Prelúdios – Prelúdio op. 45 – Scherzo n. 1 em si menor – Scherzo n. 2 em si bemol menor – Scherzo n. 3 em dó sustenido menor – Scherzo n. 4 em mi maior – Sonata n. 2 em si bemol menor "Fúnebre" – Sonata n. 3 em si menor – Grande Valsa Brilhante op. 18 – Valsa op. 34 n. 1 – Valsas op. 64 n. 1 & 2 – Valsa n. 14 op. posth. Debussy (Claude): Arabesques n. 1 & 2 – Children's Corner – "Clair de lune" (Suíte Bergamasque) – D'un cahier d'esquisses – Estudo n. 11 "Pour les arpèges composés" – La plus que lente – Estampes: Pagodes, La Soirée dans Grenade, Jardins sous la pluie – L'Isle joyeuse – Poissons d'or (Images II) – Prelúdios (Livro I): Danseuses de Delphes, Voiles, Le Vent dans la plaine, "Les sons et les parfums tournent dans l'air du soir",

Les Collines d'Anacapri, Des pas sur la neige, Ce qu'a vu le vent d'Ouest, La Fille aux cheveux de lin, La Sérénade interrompue, La Cathédrale engloutie, La Danse de Puck, Minstrels – Prelúdios (Livro II) Ondine, Feux d'artifice (*) – Reflets dans l'eau (Images I) – Suíte Pour le piano
Franck (César): Prelúdio, Coral e Fuga
Gluck-Saint-Saëns: Capricho sobre melodias do balé Alceste
Gluck-Sgambatti: Melodia de Orfeu
Gottschalk (Louis Moreau): Grande fantasia triunfal sobre o hino nacional brasileiro
Granados (Enrique): Quejas o La Maja y El Ruiseñor
Grieg (Edvar): Peças líricas op. 12 n. 1, 2, 5 & 6 – Peça lírica op. 38 n. 1 – Peças líricas op. 43 n. 2, 4 & 6 – Peça lírica op. 47 n. 4 – Peça lírica op. 54 n. 1 – Peça lírica op. 65 n. 6 – Peças líricas op. 68 n. 3 & 5
Guarnieri (Camargo): Dança negra – Ponteio n. 24 – Sonatina n. 3 – Tocata
Haydn (Joseph): Variações em fá menor (*)
Levy (Alexandre): Tango brasileiro
Levy (Luiz): Rapsódia brasileira n. 1
Liadov (Anatoli): Caixinha de música
Liszt (Franz): Seis Consolações – No lago de Wallenstadt – Balada n. 2 – Estudo Transcendental n. 11 "Harmonia da tarde" – Fantasia sobre Don Juan – Gnomenreigen (Dois estudos de concerto) – Hexameron – La Leggerezza (*) – Liebestraum n. 3 – Mephisto Waltz – Polonaise n. 2 – Rapsódias húngaras n. 3, 5, 8, 10 & 12 – Sonata em si menor – Soneto 104 de Petrarca – Valsa esquecida n. 1 – Waldesrauschem (Dois Estudos de concerto)

Lorenzo Fernandez (Oscar): Três Estudos em forma de sonatina
Mendelssohn-Bartholdy (Felix): Variações sérias
Mignone (Francisco): Congada – Maroca – Valsa elegante
Mompou (Federico): Jeunes Filles au jardin
Moszkowski (Moritz): Estudo de virtuosidade op. 72 n. 6
Mozart: Sonata n. 11 em lá maior "Alla turca" – Sonata n. 12 em fá maior
Moussorgsky-Rachmaninoff: Gopak
Oswald (Henrique): Barcarola – Pierrot – Tarantela – Valsa lenta
Paderewski (Ignacy): Noturno op. 16 n. 4
Pinto (Octávio): Marcha, Soldadinho
Poulenc (Francis): Tocata (Três Peças) – Três Movimentos perpétuos
Prokofiev (Serguei): Tocata – Visões fugitivas op. 22 n. 2, 3, 5, 6, 7, 10, 11 & 17 – Marcha das três laranjas – Sonata n. 3 em lá menor – Sonata n. 5 em dó maior (*) – Sonata n. 7 em si bemol maior
Purcell (Henry): Hornpipe
Rachmaninoff (Serguei): Estudos-Quadros op. 39 n. 1 & 5 – Momentos musicais n. 4, 5 & 6 – Polichinelo op. 3 n. 4 – Prelúdio op. 3 n. 2 – Prelúdios op. 23 n. 2, 5, 6 & 7 – Prelúdios op. 32 n. 10 & 12
Raff (Joseph Joachim): La Fileuse
Ravel (Maurice): Gaspard de la nuit – Sonatina (*) – Alborada del gracioso (*)
Rebikov (Vladimir): Dança dos sininhos
Rubinstein (Anton): Melodia em fá

Santoro (Cláudio): Paulistana n. 1 – Tocata
Scarlatti (Domenico): Sonata em ré menor K 64 – Sonata em sol maior K 125 – Sonata em si menor K 377 – Sonata em mi maior K 380 – Sonata em sol menor K 450
Shostakovich (Dimitri): Três Danças fantásticas
Schubert (Franz): Impromptus op. 90 – Impromptus op. 142 n. 2
Schumann (Robert): Carnaval – Cenas infantis – Estudos sinfônicos – Fantasia – Fantasiestücke op. 12 – Papillons – Sonata n.1 em fá sustenido menor – Sonata n. 2 em sol menor
Scriabin (Alexander): Estudo op. 8 n. 12 – Poema op. 32 n. 1 – Poema trágico op. 34 – Sonata n. 4
Stojowski (Zygmunt): Vers l'azur
Strauss-Godowsky – Metamorfoses sinfônicas sobre temas de "O morcego"
Strauss (Richard) – Godowski: Ständchen
Stravinsky (Igor): Petrushka – Tango
Turina (Joaquín): Tarjetas postales
Vianna (Fructuoso): Dança de negros
Villa-Lobos (Heitor): A lenda do caboclo – A maré encheu – A prole do bebê n. 1 – As três marias – Bachianas brasileiras n. 4 – Carnaval das crianças – Choros n. 5 "Alma brasileira" – Ciranda n. 4 "O cravo brigou com a rosa" – Ciranda n. 5 "Pobre cega..." – Ciranda n. 14 "A canoa virou..." – Dança do índio branco – New York skyline – O gatinho de papelão – Rudepoema – Saudades das Selvas Brasileiras n. 2 – Valsa da dor
Wagner-Liszt: Morte de Isolda

Quatro mãos

Brahms (Johannes): Dança húngara n. 2 em ré menor – Dança húngara n. 12 em ré menor – Dança húngara n. 17 em fá sustenido menor – Dança húngara n. 21 em mi menor
Dvórak (Antonin): Dança eslava op. 72 n. 2 (*)
Mozart (Wolfgang Amadeus): Andante e 5 Variações K 501 (*) – Sonata em ré maior K 381
Rachmaninoff (Serguei): Valsa op. 11 n. 4
Ravel (Maurice): Ma Mère l'Oye
Schubert (Franz): Grande Rondó em lá maior
Tchaikovski-Economou: Quebra-Nozes

Dois pianos

Além de Martha Argerich, Nelson Freire tocou em público com Cesarina Riso, Antonio Guedes Barbosa e Luiz Gustavo Carvalho.

Arenski (Anton): Suíte n. 1
Brahms (Johannes): Sonata op. 34 b (Quinteto) – Variações sobre um tema de Haydn
Debussy-Ravel: Noturnos (Nuages & Fêtes)
Guastavino (Carlos): Bailecito
Liszt (Franz): Concerto Pathétique
Lutoslawski (Witold): Variações sobre um tema de Paganini
Mignone (Francisco): Congada – Sai sai
Milhaud (Darius): Scaramouche (Brasileira)
Prokofiev-Terashima: Sinfonia Clássica

Rachmaninoff (Serguei): Suíte n. 2 – Danças sinfônicas
Ravel (Maurice): La valse – Rapsódia espanhola
Stravinsky-Babin: Tango
Schumann (Robert): Andante e variações op. 46

Música de câmara

Bartók (Béla): Sonata para dois pianos e percussão
Beethoven (Ludwig van): Sonata para violoncelo e piano n. 2 em sol menor
Borodin (Alexandr): Quinteto em dó menor
Brahms (Johannes): Sonata para violoncelo e piano n. 1 em mi menor – Quarteto com piano em sol menor – Quinteto em fá menor – Trio para trompa, violino e piano
Chopin (Frédéric): Introdução e Polonaise brilhante para violoncelo e piano – Sonata para violoncelo e piano (Largo)
Fauré: Sonata para flauta e piano em lá maior (transcrição da Sonata n. 1 para violino e piano)
Franck (César): Sonata para violino e piano (2º movimento) – Quinteto em fá menor
Gnattali (Radamés): Sonata para flauta e piano
Grieg (Edvar): Sonata para violino e piano n. 3 em dó menor – Sonata para violoncelo e piano em lá menor
Mendelssohn Bartholdy (Felix): Canção sem palavras op. 109 para violoncelo e piano – Trio n. 1 em ré menor
Prokofiev (Serguei): Sonata para violoncelo e piano em dó maior
Rachmaninoff (Serguei): Sonata para violoncelo e piano em sol menor (3º movimento)
Saint-Saëns (Camille): Carnaval dos animais

Schubert (Franz): Sonata em lá menor "Arpeggione" para violoncelo e piano
Schumann (Robert): Quinteto em mi bemol maior
Strauss (Richard): Sonata em fá maior para violoncelo e piano
Stravinsky (Igor): As núpcias

Piano e orquestra

Bach (Johann Sebastian): Concerto para quatro pianos em lá menor
Bartók (Béla): Concerto n. 1 – Concerto n. 3 – Concerto para dois pianos e percussão
Beethoven (Ludwig van): Concerto n. 2 em si bemol maior – Concerto n. 3 em dó menor – Concerto n. 4 em sol maior – Concerto n. 5 em mi bemol maior "Imperador" – Fantasia Coral em dó menor (*)
Brahms (Johannes): Concerto n. 1 em ré menor – Concerto n. 2 em si bemol maior
Chopin (Frédéric): Concerto n. 1 em mi menor – Concerto n. 2 em fá menor – Andante Spianato e Grande Polonaise
Debussy (Claude): Fantaisie
Falla (Manuel de): Noites nos Jardins de Espanha
Franck (César): Variações sinfônicas
Greef (Arthur de): Concerto n. 1 em dó menor
Grieg (Edvar): Concerto em lá menor
Liszt (Franz): Concerto n. 1 em mi bemol maior – Concerto n. 2 em lá maior – Hexameron (versão para seis pianos e orquestra) – Totentanz
Mozart (Wolfgang Amadeus): Concerto n. 9 em mi bemol

maior "Jeunehomme" – Concerto n. 13 em do maior – Concerto n. 20 em ré menor – Concerto n. 22 em mi bemol maior – Concerto n. 27 em si bemol maior – Concerto para três pianos em fá maior

Poulenc (Francis): Concerto para dois pianos em ré menor

Prokofiev (Serguei): Concerto n. 1 em ré bemol maior – Concerto n. 3 em dó maior

Rachmaninoff (Serguei): Concerto n. 2 em dó menor – Concerto n. 3 em ré menor – Concerto n. 4 em sol menor – Rapsódia sobre um tema de Paganini

Saint-Saëns (Camille): Concerto n. 2 em sol menor – Concerto n. 4 em dó menor

Shostakovich (Dimitri): Concerto n. 1 em dó menor

Schumann (Robert): Concerto em lá menor – Introdução e allegro appassionato – Introdução e allegro de concerto

Scriabin (Alexander): Prometheus, o poema do fogo

Strauss (Richard): Burlesque em ré menor

Tchaikovski (Piotr Ilitch): Concerto n. 1 em si bemol menor – Concerto n. 2 em sol maior

Villa-Lobos (Heitor): Concerto n. 1 – Bachianas brasileiras n. 3 – Momoprecoce

CRONOLOGIA

1944: Nascimento em Boa Esperança, Minas Gerais, Brasil (18 de outubro).

1947: Toca piano de ouvido.

1948: Primeiras aulas com o sr. Fernandes, em Varginha.

1949: Primeiro concerto público aos cinco anos, no Cine Teatro Brasil de Boa Esperança.

1950: Mudança da família para o Rio de Janeiro.

1952: Estudos com Lucia Branco e Nise Obino (até 1958).

1954: Concerto com a Orquestra Sinfônica Brasileira.

1957: Concurso Internacional do Rio de Janeiro (ele tem doze anos e fica em sétimo lugar).

1959: Viagem para Viena. Estudos com Bruno Seidlhofer.

1960: Início da amizade com Martha Argerich.

1961: Retorno ao Rio de Janeiro.

1964: Eliminação no Concurso Rainha Elisabeth de Bruxelas, medalha Dinu Lipatti em Londres, primeiro lugar no Concurso Vianna da Motta em Lisboa.

1967: Morte dos pais num acidente de trânsito do qual ele sai ileso.

1968: Estreia europeia com orquestra (Hamburgo), primeiro concerto público com Martha Argerich, em Londres.

1970: Encontro com Tom Jobim.

1972: Prêmio Edison pela gravação dos *Prelúdios* de Chopin, primeiro recital em Paris na série Piano 4 Étoiles.

1980: Fixa residência na região parisiense.

1982: Primeiro disco com Martha Argerich.

1983: Fixa residência no Rio de Janeiro.

1989: Conhece Bosco.

1995: Conhece Miguel, morte de Nise Obino.

1999: Estreia no Carnegie Hall.

2000: Estreia na Rússia.

2002: Contrato exclusivo com a Decca.

2003: Lançamento do filme de João Moreira Salles no Brasil, prêmio Victoire de la Musique Classique na categoria solista instrumental do ano, em Paris.

2007: *Record of the Year* (Gramophone) pelo CD dos concertos de Brahms com Riccardo Chailly.

2011: Cavaleiro da Legião de Honra.

2013: Latin Grammy pelo CD *Brasileiro*.

2019: Primeira queda no Rio de Janeiro.

2020: Segunda queda.

2021: Terceira queda e morte na noite de 31 de outubro para 1º de novembro, aos 77 anos. Enterro no cemitério de Boa Esperança.

QUESTIONÁRIO PROUST

O principal traço de minha personalidade
Segundo meus amigos íntimos, eu seria um gato disfarçado de cachorro.

A qualidade desejada em um homem.
A combinação de virilidade com vulnerabilidade.

A qualidade preferida em uma mulher
O charme.

O que mais aprecio nos amigos
Sua companhia, seu sorriso, sua existência, suas características (porque os amigos não têm defeitos).

Meu principal defeito
Tenho vários... Vejamos... Quais? Difícil... Já sei: a indecisão!

Minha ocupação preferida
O devaneio.

Meu sonho de felicidade
O amor em todos os sentidos.

Qual seria meu maior infortúnio?
Eu não o diria nem mesmo à minha sombra.

O que eu gostaria de ser
Quando criança, ator de cinema.

O país onde eu gostaria de viver
O Brasil de minha adolescência (final dos anos 1950), onde já vivi.

A cor que prefiro
Azul.

A flor de que mais gosto
Todas as que ganho.

O pássaro que prefiro
O beija-flor e os papagaios.

Meus atores preferidos
Gary Cooper (jovem), Burt Lancaster, Harrison Ford, Orson Welles.

Minhas atrizes preferidas
Rita Hayworth, Bette Davis, Joan Crawford, Marilyn Monroe, Ava Gardner.

Meus heróis preferidos na ficção
Dom Quixote.

Minhas heroínas preferidas na ficção
Gilda (Rita Hayworth).

Meus compositores preferidos
A lista seria longa, mas penso que o mundo seria muito mais triste se Chopin não tivesse existido.

Meus pintores preferidos
Rembrandt, Van Gogh, Salvador Dalí e meu amigo Alberto Nicolau.

Meus heróis preferidos na vida real
Martha Argerich.

Meus heróis na história
Franz Liszt.

Meus nomes preferidos
Os das pessoas que amo.

O que detesto acima de tudo.
Este tipo de questionário.

Características históricas que mais desprezo
O abuso de poder, a competição, a tolice pomposa.

O fato militar que mais admiro
Nenhum.

A reforma que mais admiro
A abolição da escravatura.

O dom da natureza que eu mais gostaria de ter
Viajar no tempo e poder ouvir, por exemplo, Guiomar Novaes nos anos 1920.

Como eu gostaria de morrer
Em paz, sem sofrimento.

Publicado no *Le Monde de la musique* n. 246, agosto de 2000.

PAIXÃO CLÁSSICA

Em fevereiro de 2009, fui à casa de Nelson Freire com um gravador para registrar sua "Paixão clássica", transmitida pela Radio Classique. Ele escolheu um programa musical que não compreendia nenhuma gravação sua. Quando o alertei dessa necessidade natural, ele me convidou a escolher alguma das peças virtuosísticas de sua juventude, sem dizer uma palavra sobre o disco recém-lançado que deveria promover.

1ª *madeleine*: *Jalousie*, tango ao piano
2ª *madeleine*: música do filme *La valse de l'ombre*, de Mervyn LeRoy com Vivien Leigh e Robert Taylor (Waterloo Bridge)
3ª *madeleine*: *Concerto n. 5* de Beethoven (consegui a gravação de seu concurso, aos doze anos)
Rapsódia n. 1, de Brahms, por Martha Argerich
Ständchen, de Strauss-Godowski, por Guiomar Novaes
Triana, de Albéniz, por Guiomar Novaes
Rapsódia n. 10, de Liszt (fim), por Guiomar Novaes
O sapo, por Olga Praguer Coelho
Xangô, por Olga Praguer Coelho
Ständchen, de Schubert-Liszt, por Vladimir Horowitz (últimas gravações públicas)
Metamorfoses sinfônicas de *O morcego*, de Strauss-Godowski, por Nelson Freire
Excerto do CD *Debussy* (Decca)

AGRADECIMENTOS

Obrigado a todos que aceitaram compartilhar seus testemunhos comigo: Martha Argerich, Dora Bakopoulos, Manoel Bragheroli, Lionel Bringuier, Ricardo Castro, Myrian Dauelsberg, Alexandre Dias, Annie Dutoit, Martin Engstroem, Helena Floresta de Miranda, Olma Freire, Dominic Fyfe, Glória Guerra (George Sand), Hélène Grimaud, Robert Fuchs, André Furno, Alain Lompech, Nikolai Lugansky, René Martin, Fabio Martino, John Neschling, Alberto Nicolau da Costa, João Bosco de Oliveira Padilha, Gilda Oswaldo Cruz, Michel Plasson, Juliana Steinbach, Lyl Tiempo, Martin Tiempo, Sergio Tiempo, Denijs de Winter.
    Obrigado a Marie-Bernadette Castellani, Françoise Deroubaix e Nathalie Krafft pela leitura atenta.

ÍNDICE ONOMÁSTICO

Ahronovitch, Yuri, 108
Alagna, Roberto, 100
Albéniz, Isaac, 88, 108, 120, 148, 167, 203, 219
Aldrich, Robert, 109
Allen, Woody, 109
Anda, Geza, 160, 184
Andersen, Hans Christian, 83
Angelich, Nicholas, 128, 145, 157
Ansermet, Ernest, 107
Antonioni, Michelangelo, 109
Arenski, Anton, 209
Argerich, Juanita, 63, 69, 70, 76, 80, 108, 115
Argerich, Lyda, 76
Argerich, Martha, 9, 17, 19, 25, 29, 31, 44, 50, 56, 62-71, 75-77, 80-82, 89-91, 95-97, 101, 103-105, 108, 111-113, 115-117, 119, 120, 122-125, 127, 132, 134, 136, 139, 141, 144, 145, 148-150, 154, 155, 158-161, 163, 165, 166, 172, 173, 175, 176, 183, 184, 190-198, 201, 209, 213, 214, 217, 219, 220
Argoubet, Catherine d', 132, 158
Arletty, 180
Arrau, Claudio, 25, 103, 152
Askenaze, Stefan, 76, 77
Aste, Anery, 63
Atlan, Monique, 99
Avdeeva, Yulianna, 163
Bach-Busoni, 51, 74, 174, 204
Bach-Hess, 51, 174, 204
Bach-Marcello, 204
Bach-Siloti, 158, 174, 204
Bach, Johann Sebastian, 26, 34, 41, 46, 49, 55, 63, 74, 76, 85, 105, 107, 153, 158, 169, 204, 211
Backhaus, Wilhelm, 39, 57, 73
Bakopoulos, Dora, 81, 82, 220

Balakirev, Mili, 51, 204
Bamberg, Orquestra de, 81
Baráti, Kristóf, 182
Barbosa, Antonio Guedes, 42, 103, 209
Bardot, Brigitte, 186
Barenboïm, Daniel, 80, 96, 116, 190, 197
Barroso Neto, Joaquim, 204
Bartók, Bela, 59, 78, 210, 211
Bartoli, Cecilia, 100
Baudelaire, Charles, 182
Bavouzet, Jean-Efflam, 128
Beatles (the), 102
Beecham, Thomas (Sir), 37
Beethoven, Ludwig van, 9, 10, 20, 26, 37, 40, 41, 46, 49, 51, 56, 74, 82, 83, 85, 99, 105, 107, 108, 126, 128, 137, 139, 140, 153, 169-172, 177, 181, 183, 204, 210, 211
Bellini, Vincenzo, 61
Beppu, 133
Berg, Alban, 49
Bernhard, Thomas, 54
Bernstein, Leonard, 86, 113, 168
Béroff, Michel, 123, 128, 166
Bethânia, Maria, 102
Bishop, Stephen : ver Kovacevich, Stephen

Bolsonaro, Jair, 186
Borodin, Alexandr, 210
Bosco : ver Oliveira Padilha, João Bosco
Boulanger, Nadia, 78
Boulez, Pierre, 98
Bragheroli, Manoel, 120. 220
Brahms, Johannes, 48-51, 56, 57, 59, 66, 68, 73, 74, 75, 91, 100, 102, 107, 112, 124, 125, 131, 132, 139, 140, 141, 144, 145, 147, 154, 157, 171, 174, 177, 182, 183, 189, 204, 209, 210, 211, 214, 219
Brailowski, Alexander, 25, 76, 80
Braley, Frank, 128
Branco, Lucia, 30-33, 35-38, 40, 41, 43-48, 61, 71, 148, 151, 157, 213
Brando, Marlon, 63
Brendel, Alfred, 89
Bresson, Robert, 109
Bringuier, Lionel, 170, 171, 220
Britten, Benjamin, 79
Budu, Cristian, 178, 179
Buñuel, Luis, 73
Cadaval, marquesa de, 79, 80
Callas, Maria, 25
Capuçon, Renaud, 100
Carvalho, Eleazar de, 113
Carvalho, Luiz Gustavo, 158, 209

Caspary, Clodomiro, 135
Castellani, Marie-Bernadette, 220
Castro, Ricardo, 157, 159, 160, 182, 220
Cézanne, Paul, 115
Chailly, Riccardo, 157, 169, 214
Chancel, Jacques, 98, 195
Chaplin, Charlie, 186, 191, 192
Cherkassky, Shura, 14, 80, 114
Chiaffarelli, Luigi, 25, 84
Chopin, Frédéric, 18, 25-28, 31, 36, 40, 41, 46, 48, 49, 55, 58, 60, 61, 65-66, 75-78, 83-89, 94, 97, 98, 100-103, 105-108, 110, 112-113, 116, 120, 124, 125, 128, 131-134, 136, 140, 143, 144, 147, 148, 150, 151, 153, 160, 161, 163, 166, 169, 171, 172, 174, 176, 190, 192, 193, 195, 205, 210, 211, 214, 217
Christoferis, Harris, 130
Chung, Myung Whun, 101
Churchill, Winston, 72
Clarendon (alias Bernard Gavoty), 121
Cocteau, Jean, 58
Coelho, Gaspar, 104
Coelho, Olga Praguer, 104, 105, 219
Cohen, Harriet, 78
Colette, 30
Collard, Jean-Philippe, 122
Concertgebouw de Amsterdã, 113, 136, 137
Cooper, Gary, 43, 216
Corrêa do Lago, Manoel, 168
Cortot, Alfred, 14, 47, 57, 86, 107, 147, 151
Costa, Alberto Nicolau da, 114, 115, 120, 190, 192, 217, 220
Costa, Gal, 102
Coubertin, Pierre de, 46
Crawford, Joan, 43, 216
Cziffra, Georges, 195
Dalí, Salvador, 217
Damian, Jean-Michel, 116, 127
Danelsberg, Peter, 91
Danuza, 165
Darré, Jeanne-Marie, 105
Dauelsberg, Myrian, 188-190, 193-196, 198, 220
Davidovich, Bella, 163
Davis, Bette, 43, 216
Davis, Colin, 186
Davis, Miles, 102
Deacon, Tom, 166
Dean, James, 63
Debussy, Claude, 51, 74, 76, 83, 84, 87-89, 96, 100, 106, 107, 116, 120,

131-132, 150-152, 161, 172, 201, 205, 209, 211, 219
Dédé : ver Freire, José
Depardieu, Gérard, 100
Deroubaix, Françoise, 220
Désert, Claire, 128
Dessay, Natalie, 100
Dietrich, Marlene, 102
Dorenski, Sergueï, 47
Douglas, Kirk, 65
Duault, Alain, 99, 100
Dudamel, Gustavo, 170
Dumay, Augustin, 98, 99
Dunga, 165
Dutoit, Annie, 109, 119, 180, 193, 198, 220
Dutoit, Charles, 109, 144
Dvórak, Anton, 125, 209
Edison, Prêmio, 101, 214
Engerer, Brigitte, 101, 128
Engstroem, Martin, 220
Entremont, Philippe, 163
Estrella, Arnaldo, 46, 72
Falla, Manuel de, 211
Fauré, Gabriel, 84, 159, 168, 210
Feinberg, Samuel, 48
Fernandes, 21, 213
Fernández, Oscar Lorenzo, 51, 168, 207

Ferras, Christian, 133
Fischer, Adam, 125
Fischer, Annie, 59
Fischer, Edwin, 186
Fitzgerald, Ella, 68
Fleisher, Leon, 76, 166
Fleming, Alexander, 28
Floresta de Miranda, Helena, 49, 50, 52, 54, 56, 59, 60, 62, 63, 110, 128, 220
Flückiger, Raymonde, 105
Ford, Glenn, 32
Ford, Harrison, 43, 216
Franck, César, 99, 153, 206, 210, 211
Freire Garcia, Mauricio, 158
Freire, José, 11-14, 23, 27, 33, 50, 90, 92
Freire, Nélio, 12, 91, 93, 133, 184
Freire, Nelma, 12, 16, 17, 19, 22, 64, 71, 93, 185
Freire, Nirval, 12, 93, 189
Freire, Norma, 12, 17-19, 25, 71, 93, 122
Freire, Olma, 179, 198, 220
Freitas Branco, Luis de, 79
Friedman, Ignaz, 57
Frühbeck de Burgos, Rafael, 105
Furno, André, 106, 107, 220

Fyfe, Dominic, 145-148, 220
Gaillard, Émile, 205
Garbo, Greta, 107
García Márquez, Gabriel, 54
Gardner, Ava, 43, 216
Garner, Eroll, 68
Gávea, Pedra da, 196
Gelber, Bruno Leonardo, 66
Geniusas, Lukas, 163, 179
Gergiev, Valery, 126, 139, 149, 163, 182, 201
Gieseking, Walter, 25, 152, 168
Gilels, Emil, 76
Ginzburg, Grigory, 48
Giraudon, Gabriel, 41
Giusiano, Philippe, 128, 179
Glotz, Michel, 108, 122
Gluck, Christoph Willibald, 10, 148, 206
Gnattali, Radamés, 159, 173, 210
Godowsky, Leopold, 102, 148, 208, 219
Gómez Mansur, Adriel, 159
Gottschalk, Louis Moreau, 25, 206
Graf, Hans, 49-51, 58, 104
Granados, Enrique, 206
Greef, Arthur de, 31, 152, 211
Grieg, Edvar, 49, 86, 95, 140, 148, 156, 172, 177, 206, 210, 211

Grimaud, Hélène, 136, 220
Guarnieri, Camargo, 36, 41, 72, 75, 78, 79, 168, 206
Guastavino, Carlos, 155, 209
Guedes Barbosa, Antonio, 42, 103, 209
Guérineau (doutor), 123
Gulda, Friedrich, 49, 50, 56, 62, 65, 66, 81, 104, 168
Guller, Youra, 39, 82, 107, 108
Hadjidakis, Manos, 81
Haendel, Georg Friedrich, 186
Hahn, Reynaldo, 173
Haskil, Clara, 107, 179
Haydn, Joseph, 60, 71, 155, 206, 209
Hayworth, Rita, 32, 43, 73, 82, 107, 216
Hazan de Santos, Eduardo, 79
Heisser, Jean-François, 128
Hepburn, Audrey, 173
Hilsdorf, Leonardo, 178
Hofmann, Josef, 42, 86, 114
Horowitz, Vladimir, 14, 36, 37, 48, 68, 76, 84, 95, 97, 102, 104, 105, 107, 111, 113, 119, 121, 123, 125, 139, 144, 148, 161, 166, 219
Hosszu-Legocky, Geza, 159
Ingelbrecht, Désiré-Émile, 107

Janigro, Antonio, 110
Jenner, Alexander, 47
Jenner, Maritza, 47, 58
Joachim, Joseph, 207
Jobim, Tom, 27, 102, 184, 185, 214
Jouvet, Louis, 180
Karajan, Herbert von, 54
Kaspszik, Jacek, 127
Katchen, Julius, 81
Kaurismäki, Aki, 109
Keaton, Buster, 192
Kempe, Rudolf, 94, 95, 140
Kissin, Ievgueni, 66
Kleiber, Erich, 168
Klein, Jacques, 31, 49, 72, 84
Klemperer, Otto, 57
Kondrashin, Kirill, 117
Koussevitzky, Serge, 113
Kovacevich, Stephen, 14, 81, 87, 89
Krafft, Nathalie, 141, 220
Krainev, Vladimir, 79
Kraus, Lili, 45, 47
Kubitschek, Juscelino, 45, 47, 50
Kumaira, Najla, 186
Kundera, Milan, 143
Kurosawa, Akira, 109
Lancaster, Burt, 43, 216
Lawrence, D. H., 78
Leigh, Vivien, 219

Leonskaja, Lisa, 100
LeRoy, Mervyn, 219
Levêque, Maria, 79
Levy, Alexandre, 41, 168, 206
Levy, Luiz, 41, 206
Lipatti, Dinu, 78, 213
Liszt, Franz, 10, 14, 28, 31, 41, 49, 55, 61, 66, 74, 77, 78, 88, 89, 95, 97, 99, 102, 103, 105, 107, 113, 132, 136, 137, 141, 150, 154, 164, 166, 177, 206, 208, 209, 211, 217, 219
Lodéon, Frédéric, 133
Lugansky, Nikolaï, 100, 138, 139, 179, 220
Lupu, Radu, 129, 149
Lutoslawski, Witold, 117, 154, 209
Maestrini, Francesco, 185
Magaloff, Nikita, 69
Magin, Milosz, 78
Maïsky, Mischa, 114, 124, 182
Malcużyński, Witold, 37
Mandela, Winnie, 171
Maria José, "Marica", 93
Markevitch, Igor, 122
Martin, René, 49, 99, 126-129, 138, 142, 143, 220
Martino, Fabio, 179, 220
Martins, Rosana, 122-124, 127, 158, 185, 186, 188, 197

Marx, Groucho, 155
Masur, Kurt, 94
Mayer, Louis, 107
Mechetti, Fabio, 170
Meinders, Frédéric, 186
Mendelssohn-Bartholdy, Felix, 91, 207, 210
Meneses, Antônio, 110
Michelangeli, Arturo Benedetti, 75, 84, 152, 184, 186
Miguel, 130, 131, 175, 176, 186, 187, 189, 192, 194, 195, 196, 198, 201, 214
Milhaud, Darius, 209
Minkowski, Marc, 101
Mitropoulos, Dimitri, 72, 81
Moguilevsky, Alexander, 77
Moguilevsky, Eugène, 77
Moiseiwitsch, Benno, 57, 102
Mompontet, Michel, 100
Monroe, Marilyn, 43, 216
Monteverdi, Claudio, 7
Moraes, Vinicius de, 185
Moravec, Ivan, 123
Moreau, Jeanne, 166
Moreira Lima, Arthur, 31, 42, 46, 47, 123
Morelenbaum, Henrique, 156
Moszkowski, Moritz, 41, 207
Motta, Geraldo, 181
Mozart, Wolfgang Amadeus, 21, 28, 36, 37, 49, 60, 62, 78, 84, 98, 103, 106, 108, 118, 120, 122, 148, 177, 182, 207, 209, 211
Murnau, Friedrich Wilhelm, 109
Napoleão, 129
Neschling, John, 42, 124, 134, 140, 220
Neuhaus, Heinrich, 77
Nothomb, Amélie, 143
Novaes, Guiomar, 15, 25, 26, 31, 41, 43, 45, 47, 57, 61, 66, 74, 82, 83, 85, 89, 102-105, 108, 113, 118, 133, 145, 147, 148, 151, 152, 157, 162, 168, 173, 180, 218, 219
Obino, Nise, 30, 32, 35, 37, 42, 45-50, 53, 58, 61, 64, 73, 75, 82, 89, 105, 114, 115, 133, 134, 148, 157, 168, 197, 198, 213, 214
Oïstrakh, David, 76
Oliveira Padilha, João Bosco de (chamado Bosco), 129, 130, 131, 135, 137, 146, 154, 165, 173, 175, 178, 183, 186, 187, 189, 190, 192, 194-197, 201, 203, 214, 220
Orlov, Nikolaï, 27
Ormandy, Eugene, 72, 111
Orozco, Rafael, 81, 108

Oswald, Henrique, 36, 168, 207
Oswaldo Cruz, Gilda, 53, 58, 59, 60, 61, 70, 72, 77, 79, 90, 164, 220
Ozawa, Seiji, 147
Paderewski, Ignacy, 30, 86, 132, 177, 207
Paganini, Niccolo, 48, 78, 117, 134, 140, 209, 212
Pastré (condessa), 107
Paulsen, Reinhard, 80, 90, 93
Pavlova, Anna, 186
Péjouan, Paul-Arnaud, 158
Pennetier, Jean-Claude, 179
Peters, Reinhard, 102
Petibon, Patricia, 101
Petrov, Nikolaï, 77
Philipp, Isidor, 85
Philippot, Michel, 78
Picasso, Pablo, 186
Pio XII, 79
Pinto, Augusta, (chamada Dona Augusta), 12, 15-17, 36, 40, 41, 44, 50, 75, 92
Pinto, Barreto, 25
Pinto, Octávio, 207
Pires, Maria João, 122, 160
Planès, Alain, 128, 152
Plasson, Michel, 141, 220
Pogorelich, Ivo, 14, 66

Pollini, Maurizio, 66
Rainha Elisabeth, concurso, 76, 77, 213
Pommier, Jean-Bernard, 122
Portzamparc, Christian de, 74
Poulenc, Francis, 178, 207, 212
Praguer Coelho, Olga, 104, 105, 219
Prokofiev, Serguei, 66, 75, 108, 136, 140, 207, 209, 210, 212
Proust, Marcel, 58, 61, 70, 215
Puccini, Giacomo, 79
Pueyo, Eduardo del, 76
Purcell, Henry, 207
Quarteto Bessler, 125
Quarteto Prazák, 125
Queffélec, Anne, 128
Rabinowitz, Salomão, 91
Rachmaninoff, Serguei, 36, 41, 42, 48, 55, 57, 75, 77, 84, 100, 102, 103, 105, 108, 111-114, 117, 121, 133, 134, 138-140, 142, 148, 154, 177, 178, 184, 207, 209, 210, 212
Raff, Joseph Joachim, 207
Rahman El Bacha, Abdel, 128
Ravel, Maurice, 66, 75, 96, 103, 117, 151, 154, 173, 182, 207, 209, 210
Ray, Satyajit, 109
Rebikov, Vladimir, 207

Rembrandt, 217
Resnais, Alain, 109
Richter, Sviatoslav, 127, 129, 142, 163, 186
Riso, Cesarina, 75, 184, 185, 188, 209
Rossi, Pablo, 158
Rostropovitch, Mstislav, 111, 112, 124
Rubinstein, Arthur, 25, 26, 37, 39, 47, 49, 57, 65, 79, 80, 111, 113, 131, 144, 161, 166, 167, 207
Rudge, Antonietta, 25, 26, 84
Sachs, Hans, 73
Saint-Saëns, Camille, 57, 108, 125, 174, 206, 210, 212
Sand, George, 195, 220
Santoro, Claudio, 134, 168, 208
Scaramuzza, Vincenzo, 25
Scarlatti, Domenico, 40, 78, 208
Schmitt, Florent, 167
Schönberg, Arnold, 49, 135
Schubert, Franz, 33, 67, 91, 124, 154, 193, 194, 198, 208, 209, 211, 219
Schumann, Robert, 40, 41, 49, 57, 65, 72, 75, 83, 86, 88, 91, 95, 98, 100, 102, 106, 107, 112, 116, 120, 125, 131, 132, 135, 136, 138, 140, 144, 145, 146, 147, 148, 158, 160, 161, 170, 174, 175, 177, 208, 210, 212
Schuricht, Carl, 73
Scriabin, Alexandre, 75, 78, 103, 120, 189, 208, 212
Segovia, Andrés, 104, 123
Seidlhofer, Bruno, 47, 49, 52, 53, 55, 57, 61, 65, 66, 79, 135, 213
Sgambatti, Giovanni, 10, 148, 206
Shani, Lahav, 178
Shostakovich, Dimitri, 36, 140, 208, 212
Sibelius, Jean, 78
Sintra (Festival de), 79, 80
Sofronitzki, Vladimir, 48
Solomon, 39
Starker, Janos, 186
Starkmann, Naum, 78
Stein, Hort, 157
Steinbach, Juliana, 172-174, 177-180, 182, 220
Stella Schic, Anna, 78
Stockhausen, Karlheinz, 98, 135
Stojowski, Zygmunt, 174, 208
Strauss, Johann, 102, 208
Strauss, Richard, 25, 94, 102, 120, 168, 208, 211, 212, 219
Stravinsky, Igor, 102, 148, 208, 210, 211
Strosser, Emmanuel, 128

Swarowsky, Hans, 57, 86
Szell, George, 86, 88
Szidon, Roberto, 42, 103
Tagliaferro, Magda, 25, 173, 198
Taylor, Liz, 65
Taylor, Robert, 219
Tchaikovski, 28, 47, 70, 80, 94, 95, 105, 106, 117, 136, 158, 175, 209, 212
Tebaldi, Renata, 25
Thelen, Jacques, 136, 149, 150
Theodorakis, Mikis, 81
Tiempo, Lyl, 68, 106, 114, 117, 118, 220
Tiempo, Martin, 68, 69, 99, 106
Tiempo, Sergio, 68, 76, 136, 220
Tipo, Maria, 160
Toscanini, Arturo, 25, 68, 168
Trenet, Charles, 154
Trifonov, Daniil, 163, 179
Trump, Donald, 186
Ustinov, Peter, 97
Van Gogh, Vincent, 90, 217
Vásáry, Tamás, 47
Vaughan, Sarah, 102
Verdi, Giuseppe, 183
Verrett, Shirley, 123
Vianna da Motta, José, 78, 80, 213
Villa-Lobos, Heitor, 28, 36, 40, 41, 72, 76, 78, 105, 107, 112, 113, 120, 131, 134, 158, 167, 168, 174, 177, 185, 208, 212
Villazón, Rolando, 101
Vilmorin, Louise de, 79
Virsaladze, Elisso, 158
Vitis Adnet, Carmen, 50
Waart, Edo de, 108
Wagner, Richard, 54, 73, 119, 164, 177, 208
Wallberg, Heinz, 94
Walter, Bruno, 25, 72
Weissenberg, Alexis, 106, 108, 123
Welles, Orson, 43, 216
Wilder, Billy, 195
Wilkomirska, Wanda, 82
Williams, Vaughan, 78
Winter, Denijs de, 137, 138, 220
Yamada, Kazuki, 9
Ysaÿe, Eugène, 76
Zimerman, Krystian, 125, 139
Zinman, David, 113
Züss, 165, 166

FONTES
Fakt e Heldane Text

PAPEL
Avena

IMPRESSÃO
Lis Gráfica